JOHN MACDONALD
Press Gallery, 992 4511
Home   704 4768

Une armée en déroute

Michel Purnelle

Une armée en déroute

Préface du colonel Michel W. Drapeau

Liber

« Trame »

Les éditions Liber reçoivent des subventions du Conseil des arts du Canada et de la SODEC.

Maquette de la couverture : Yvon Lachance

Éditions Liber
C. P. 1475, succursale B
Montréal, Québec
H3B 3L2
Tél. : (514) 522-3227

Distribution :
Diffusion Dimedia
539, boul. Lebeau
Saint-Laurent, Québec
H4N 1S2
Tél. : (514) 336-3941

Dépôt légal : 2ᵉ trimestre 1996
Bibliothèque nationale du Québec

Préface

Malgré leur jeune histoire, les forces armées canadiennes ont gagné le respect du monde entier, en
temps de paix comme en temps de guerre. À une
exception près, peu importe la tâche et l'ampleur du
sacrifice, elles ont toujours été prêtes quand on a eu
besoin d'elles. Elles se sont acquitté de leurs missions
avec un esprit et un sens professionnel exemplaires.
Comme résultat, les Canadiens en sont venus à
estimer leur armée, et même à éprouver pour elle de
l'affection.

   Or, en 1993, ce tableau d'honneur a été sali par
la lâcheté et l'indiscipline de quelques soldats et sous-
officiers du régiment aéroporté et par le manque
sérieux de leadership de tout un corps d'officiers
incapables d'assumer leur responsabilité de commandement. Démontrant leur impuissance et leur
torpeur morale, le haut commandement des forces
armées ainsi que les hautes instances politiques du
ministère de la Défense ont à leur tour été incapables

de faire face à la crise et de prendre les mesures qui s'imposaient pour redresser la situation.

Dans les pages qui suivent, un parachutiste qui a servi dans le régiment aéroporté raconte son histoire. Fantassin de métier, le caporal Michel Purnelle expose ses croyances, ses idées, ses attitudes militaires. Elles sont non seulement pleines de bon sens et parfaitement saines, mais elles correspondent tout à fait avec les caractéristiques essentielles d'une force militaire chargée de la défense d'un peuple.

À ma connaissance, c'est la première fois que quelqu'un du rang raconte son expérience. Heureusement, le caporal Purnelle est bien qualifié pour le faire. D'un esprit vif et critique, il lève le voile sur une institution en crise. L'image qu'il donne des forces armées canadiennes n'est pas toujours reluisante, mais elle est vraie.

Rodé au service militaire tant en Belgique qu'au Canada, Michel Purnelle incarne bien le paracommando idéal. Membre d'une unité d'élite d'un pays où le service militaire était obligatoire, travailleur social auprès de jeunes drogués et de démunis, fantassin finalement dans l'armée canadienne, il a en somme acquis une maturité, une confiance en soi, une connaissance de l'être humain et une capacité d'analyse qu'on retrouve rarement sous le drapeau. Doté d'une grande force de caractère et d'une inébranlable détermination, son sens du devoir et sa loyauté envers sa patrie, son service, son régiment et ses camarades sont sans bornes. Il est exigeant envers ses chefs, ses compagnons et envers lui-même, demandant que chacun donne le meilleur de soi et prenne ses responsabilités.

Dans son récit, il y a des scènes empruntées à l'histoire récente de son régiment depuis son recrutement en Allemagne jusqu'à son retour à la base de Valcartier en 1995 après le démantèlement de l'aéroporté. Il a fondu le tout dans un tableau aux couleurs sombres, mais réalistes. En nous livrant ses expériences, il nous fait réfléchir sérieusement sur les normes d'instruction, la discipline et le leadership existant dans l'armée. Il nous indique aussi que le moral du soldat, l'élément essentiel de ce mélange qui produit un combattant de premier ordre, est aujourd'hui manquant. Il en conclut que l'armée est en déroute.

Aussi, son ouvrage arrive à temps, défiant en quelque sorte la loi du silence imposée à tous les soldats canadiens par le ministre de la Défense David Collenette, alors que le pays attend les résultats de la Commission d'enquête sur le déploiement du régiment aéroporté en Somalie. Michel Purnelle connaît l'immense crise qui mine les forces armées canadiennes, mais son récit indique clairement que l'affaire de la Somalie n'est que le symptôme le plus évident de ce qui cloche vraiment dans la profession des armes au Canada. Le mal est plus grand et plus profond.

Somme toute, les forces armées canadiennes, à l'image de la plupart des autres secteurs de notre société, manquent de leadership. Nos chefs actuels sont plus intéressés à tirer profit de leur position qu'à prendre leurs responsabilités au sérieux. Devant les problèmes grandissants, que ce soit le déficit budgétaire, les carences dans le système de l'éducation, les problèmes environnementaux, les dirigeants se défilent constamment et jouent à l'autruche. La contribution du caporal Purnelle nous permet de remettre les pendules à l'heure.

Ce livre constitue un émouvant et éloquent cri du cœur d'un soldat canadien qui, parlant au nom de ses camarades, implore ses chefs politiques et ses supérieurs militaires d'assumer leur rôle et de faire preuve de sens du commandement. C'est à leur tour de manifester du courage.

Ottawa, avril 1996
COLONEL MICHEL W. DRAPEAU
O.M.M., C.D.

AVANT-PROPOS

Je faisais partie du régiment aéroporté canadien qui a été démantelé en mars 1995 à la suite d'incidents tragiques qui se sont produits en Somalie deux ans plus tôt lors d'une mission dans ce pays, et à la suite aussi de la diffusion d'un document audiovisuel qui montrait le comportement disgracieux des soldats de ce régiment lors de séances d'initiation. Malgré la gravité de ces deux événements, je crois que le démantèlement de l'aéroporté a été une erreur et que, dans les circonstances, le régiment a servi de bouc émissaire. Je voudrais en tout cas montrer dans les pages qui suivent que le malaise dans l'armée canadienne est plus considérable que celui qu'on a voulu supprimer en tuant le régiment aéroporté. Ce que je propose ici est donc un tableau réel de la situation telle qu'elle est vue par les gens du terrain.

Je n'ai pas quitté les rangs en 1995, ce qui signifie que je crois en l'importance de l'institution militaire. En fait, l'armée fait partie intégrante de ma vie. Je pense simplement qu'elle a besoin de changement et qu'elle doit retrouver un sens des responsabilités et une cohérence qu'elle ne connaît plus. Dans l'infanterie, en tout cas, on n'en est plus au stade du mécontentement ponctuel, mais à celui de la remise en question de la part des soldats de l'ensemble de ses mécanismes et engrenages. Nous avons pu mesurer nos capacités opérationnelles grâce aux nombreuses missions de ces cinq dernières années. Il est temps d'en dresser un bilan. À l'aube de l'an deux mille, il y a une armée à reconstruire, une institution dont on a perdu le contrôle et qui a bien du mal à se ressaisir.

Je ne suis pas un expert en stratégie militaire ni un historien. Je ne demande qu'à être écouté. Il est rare qu'un simple caporal d'infanterie élève la voix et fasse pareille demande. Mais cet ouvrage, je n'en suis pas le seul auteur ; ce sont tous les hommes que j'ai côtoyés qui l'écrivent. Je ne suis pas qu'un témoin de leur histoire, je la vis, je la ressens. J'espère être un porte-parole à la hauteur.

On a l'impression que chaque fait et geste des militaires est un engagement pour leur pays, mais cela n'est pas tout à fait vrai. Au Canada, on refuse aux soldats de se comporter en soldats, on met en doute les actions guerrières, on a peur de rappeler que des hommes sont capables de tuer et de mourir. Or, on ne peut pas transformer des soldats en saintes vierges uniquement pour préserver l'image d'un pays défenseur des droits et libertés du monde. Il y a beaucoup d'hypocrisie autour de nous : on crie au scandale au moindre essai nucléaire, mais on vend de l'uranium aux pays qui font des bombes ; plus d'un demi-million de personnes sont massacrées au Rwanda, mais on envoie timidement moins de deux cents hommes aider le continent africain ; on fait un enterrement national à un dirigeant du crime organisé, rien pour un soldat tué pour la paix. Où est la morale ? Comment les militaires pourraient-ils être patriotes devant l'hypocrisie des dirigeants ?

Aussi horrible que cela puisse paraître, n'importe quel soldat aurait pu être le bourreau de ce Somalien de seize ans torturé par des casques bleus canadiens si cela avait fait partie des mesures opérationnelles nécessaires pour sauver des camarades. Certes, on refuse une telle image de violence, de cruauté, de sadisme, non seulement parce qu'elle est atroce, mais surtout parce que le crime a été commis par une nouvelle espèce de soldats consacrés à la paix. On oublie cependant qu'un soldat ne connaît jamais la paix, il vit pour la guerre. De ce point de vue, l'armée se fait des illusions. Elle garde le silence sur ses vrais agissements et manque souvent de transparence. Sa manière de fonctionner est plus théorique que pratique, elle ne repose sur aucune base solide, elle a peur d'elle-même, n'assume rien et ne sait s'orienter.

Ses militaires entre-temps s'interrogent. Ils souhaitent du changement. Il suffit d'ouvrir les yeux pour se rendre compte à quel point on va à la dérive. Nous avons de sérieux problèmes, qu'il n'est plus possible de se cacher. Notre système militaire est mal géré, corrompu. Seul importe de monter en grade. Les valeurs fondamentales sont abandonnées.

Me voilà dans la position inconfortable de devoir donner à tout un état-major une leçon de réalité. Comment ? Un homme sans galon défie toute une institution ! Il faut être culotté, ou fou. Peut-être. Mais la question est de faire comprendre qu'il faut que les choses changent. Je mets mon espoir et ma confiance dans une nouvelle génération d'officiers plus ouverts et conscients que nous devons travailler ensemble. Le moment est arrivé de se faire entendre, de réfléchir et de construire l'armée de demain. C'est en pensant à mes compagnons d'armes que je me jette dans la fosse aux lions. Il est temps de briser le silence et d'agir, de ne plus se taire devant l'incompétence.

On interdit souvent aux militaires de faire des commentaires aux médias. Ce sont des officiers de relations publiques qui s'en chargent et qui veillent à la bonne image des forces armées. En ce qui concerne le démantèlement du régiment aéroporté, j'aurais voulu hélas avoir de meilleurs avocats. La population n'a pu voir dans les médias que l'épouse d'un sergent, un colonel à la retraite et un caporal. Cela démontre la grande pauvreté de notre relation avec la société dont on est tenu à l'écart. C'est au tour du soldat de se faire entendre.

Les soldats qui font preuve de loyauté ne manquent pas, mais ceux qu'ils servent sont-ils capables de montrer la leur ? Et cette fameuse déontologie qu'on me reprochera d'avoir violée, est-ce que certains en connaissent le sens ? Je n'aurais jamais écrit ce livre si l'on n'avait pas touché à l'essentiel de mon âme de soldat, l'honneur. Et les preuves ne manquent pas pour le confirmer : le magazine *Esprit de Corps*, malheureusement publié seulement en anglais, cite et dénonce régulièrement le manque de leadership au sein du haut commandement de l'armée.

On me reprochera peut-être par ailleurs de ne pas avoir insisté sur tel ou tel aspect de la vie militaire ou d'en avoir ignoré d'autres. Ces préférences et ses lacunes sont inévitables. Cet ouvrage se veut quand même le fidèle miroir de cette armée méconnue qu'est l'infanterie et de l'armée canadienne en général. Chaque militaire a une histoire, mais je ne peux malheureusement pas parler du cas personnel de chacun. Je me limiterai à écrire les premières lignes et ce sera à ceux que vous rencontrerez de jeter un éclairage supplémentaire sur les situations que je rapporte.

Il y a eu évidemment des changements depuis les événements qui se sont déroulés en Somalie, les soldats ne sont plus les mêmes, certains sont ailleurs, d'autres ont quitté les rangs. Mais j'entends moins parler d'individus que du système tout entier, une institution qui éprouve de plus en plus de difficultés à se définir. Il est temps qu'un débat public sur l'armée ait lieu et que l'on redéfinisse son rôle. En brisant le silence, nous cesserons de nous cacher et nous montrerons qui nous sommes. L'armée, c'est comme une planche de bois recouverte de plusieurs couches de peinture. Celui qui veut lui redonner son aspect original se demandera, au fur et à mesure qu'il avance, si le bois est encore bon. Mais il ne le saura pas tant qu'il ne l'aura pas débarrassé de tous ces revêtements.

L'infanterie, je l'ai dit, fait partie intégrante de ma vie. Avec le démantèlement du régiment aéroporté, on a tourné une page importante de l'histoire militaire canadienne. Les événements de la Somalie et les séances d'initiation qui ont scandalisé le public ont marqué l'armée et entaché sa réputation. Désemparé devant des accusations qui sont certes fondées, on a puni des innocents et sali la mémoire des morts. Justice n'a pas été rendue. Je n'accepte pas d'avoir servi de bouc émissaire et d'avoir été trahi par mon propre système militaire.

Beaucoup d'anciens membres du régiment aéroporté ont déjà été jugés, une commission essaie de reconstituer l'ensemble de l'affaire somalienne. Les faits sont connus, je ne voudrais pas y revenir. Je voudrais plutôt raconter dans ce qui suit le vécu moins familier au public de soldats envoyés dans une mission difficile et controversée. Je ne veux pas que l'on déforme ce qui nous est arrivé là-bas. Voilà pourquoi j'ai écrit ce livre. On me permettra par ailleurs de rendre hommage ici à mon commandant Charles Pommet, chez qui nous devons tous reconnaître un chef doté d'un grand professionnalisme. Mais pour bien faire comprendre l'aventure somalienne, il me faudra auparavant présenter l'armée et l'infanterie, décrire la mentalité qui y règne, donner toutes les pièces du puzzle à ceux qui veulent connaître leur armée et sa fameuse unité d'élite, comme on disait de l'aéroporté, ces soldats qui étaient parmi les meilleurs au Canada.

Je ne suis pas un général ni un politicien. Mon nom n'est mentionné nulle part. Je fais simplement partie de ces millions d'hommes qui, depuis le début de l'humanité, ont marqué l'histoire par les armes et qui ont été marqués par elles. Nous avons servi dans tous les conflits avec bravoure, nous nous sommes battus avec conviction, nous avons obéi. Beaucoup sont restés au champ d'honneur. Nous avons été de la poudre à canon, des êtres mutilés, rejetés, des noms ne figurant sur aucune croix ou pierre tombale. Des corps oubliés en mission sur des terres inconnues qui n'auront jamais le repos qui leur est dû. Des femmes, des enfants pleurent, laissés avec le souvenir d'un foyer vide, des photos et une médaille. Quel que soit le pays, chacun de nous porte une marque, un héritage de souffrances, mais la fierté aussi d'hommes tombés au combat pour que d'autres puissent vivre libres.

I

D'UNE ARMÉE À L'AUTRE

Je suis né en 1960 à North Vancouver en Colombie-Britannique. Fils d'immigrants belges, j'avais à ma naissance la double nationalité. Du Canada, la famille est ensuite passée aux États-Unis. De mes yeux d'enfant, j'ai vu partir les premiers soldats G.I. à la guerre du Viêt-nam. Ils étaient jeunes et je les voyais souvent courir en peloton en chantant. J'étais fasciné par les uniformes et, peut-être comme tout jeune Américain à l'époque, j'aurais voulu aller avec eux. Pour ceux qui sont partis, le rêve n'a pourtant été qu'un long et douloureux cauchemar.

Après avoir reçu une éducation nord-américaine, du jour au lendemain, après le divorce de mes parents, je me suis retrouvé en Europe, en Belgique plus précisément, pays d'origine familiale. Nous étions en 1967, mon père est resté aux États-Unis. Une société bien différente et un nouveau mode de vie allaient être mon avenir. On m'a ainsi inculqué des valeurs bien éloignées de celles que j'aurais fait miennes si j'étais resté en Amérique. Laissé aux bons soins des pères jésuites, j'ai connu l'écriture à la plume, les punitions corporelles, le conditionnement à l'obéissance et au respect. On ne discutait pas avec l'autorité, on s'y pliait. C'était pourtant en 1968. J'ai vécu avec le sens du devoir qui ne fait aucune place aux marginaux et aux originaux. Vouloir être différent ne signifiait rien du tout, l'autorité ne connaissait pas la tolérance, seulement la conformité : un bon citoyen paie ses impôts et sert sa patrie. La discipline, l'ordre, nous y étions soumis autant à l'école qu'à la maison. La débauche existait, mais elle était discrète.

Ma mère s'est remariée avec un militaire, un officier météorologue très intelligent et cultivé, mais alcoolique. Mon adolescence a été un calvaire, remplie de frustration. À quinze ans, j'ai failli m'engager dans la marine marchande pour échapper au milieu familial. C'est le scoutisme qui m'a sauvé. Une vie en plein air, mais surtout un code d'honneur fraternel, où l'on accepte les différences. On devine souvent quelqu'un qui a été scout à travers des gestes simples et l'engagement dans ce qu'il fait.

J'étais pourtant toujours insatisfait, trop sensible et trop rêveur, écrasé par le pouvoir. Mon horizon : l'usine. Les classes sociales étaient claires, l'université était réservée aux studieux, aux dociles et aux riches. Ce système de castes avait des avantages, il évitait les complications. Chacun savait à peu près où était sa place. Certes, il y a eu des exceptions, un éclatement des mœurs, mais toujours sur fond de tradition.

Nos références nous viennent de notre éducation, de l'école, de la vision de nos parents. Instinctivement, nous retournons à ces valeurs quelle que soit la révolution que nous voulions faire adolescent. Il en a été ainsi dans mon cas également. La liberté fictive à laquelle j'avais aspiré allait paradoxalement trouver son dernier élan dans le plus énorme regroupement social : la conscription.

En Belgique, le service militaire était obligatoire à partir de dix-huit ans — il ne l'est plus depuis 1994. Le sort réservé aux récalcitrants n'était pas rose. Cela pouvait conduire à la prison, mais je n'ai connu personne dans ce cas. En revanche, j'ai appris que l'on a sorti de prison des détenus pour petits délits afin qu'ils accomplissent leur devoir civil. Bien sûr, on pouvait toujours se faire réformer pour des raisons médicales : pieds plats, folie, homosexualité, etc., mais il fallait se méfier, car l'armée procédait à l'observation quelques semaines dans un hôpital militaire pour dépister tout falsificateur. On pouvait également devenir objecteur de conscience et servir dans la protection civile — Croix-Rouge, projets dans les pays sous-développés, etc. —, mais c'était pour une durée beaucoup plus longue et un salaire de misère. Cela dit, il était difficile d'obtenir un emploi sans avoir accompli son service militaire. Certes, on pouvait reculer l'échéance en demandant un sursis pour terminer ses études. Mais à vingt-cinq ans, l'armée est encore moins drôle qu'à dix-huit. C'est une perte de temps et d'argent, le sens du patriotisme ne sert pas le porte-monnaie. Du reste, ne pas avoir servi était mal vu par un employeur et il était presque impossible d'occuper un poste dans la fonction publique. Un objecteur de conscience ne se rendait en somme pas loin sur le marché du travail sauf dans le secteur privé. Parallèlement, des histoires plus flatteuses couraient au sujet du service militaire, par exemple que c'est là que l'on allait apprendre à devenir un homme.

En général, donc, pour la majorité, le service militaire durait de dix mois à un an selon l'endroit où on l'effectuait. Après la seconde guerre mondiale et jusqu'à récemment, des troupes alliées sont restées stationnées en Allemagne de l'Ouest, tout comme les Soviétiques étaient stationnés en Allemagne de l'Est. Le mur de Berlin, la guerre froide, l'OTAN, étaient encore très présents en 1978. À l'époque, la Belgique avait plusieurs casernements en RFA. Le long de cette fameuse frontière, on avait donc un grand besoin de miliciens. C'était peu coûteux et cela répondait aux besoins de l'alliance. La durée du terme du conscrit dépendait de sa condition sociale, de son état civil et de sa situation professionnelle. Sa solde était d'à peu près quatre dollars par jour. On pouvait finalement s'engager comme volontaire avec un contrat de deux ans payé huit cents dollars par mois. Le gouvernement belge avait une préférence pour cette option car il avait en tête de créer une armée de métier, ce qui s'est révélé des années plus tard un total échec financier. Comme les autres ministères, la Défense nationale n'a pas été épargnée par la récession.

L'ultime échappatoire à un service militaire ennuyeux et peu motivant était d'appartenir au régiment paracommando, l'élite du pays. Quinze mois. Avantage financier, on touchait une solde de volontaire les cinq derniers mois. Tous ceux qui y sont passés en ont gardé une profonde fierté. Pourtant, le chemin pour y accéder n'était pas des plus faciles.

Étant sur le marché du travail, après des études moyennes, jeune sans trop d'expérience ni trop de maturité, abandonné par ma famille et ayant peu de ressources, je devenais la recrue idéale. J'ai donc voulu m'enrôler. Malheureusement, pour une raison médicale (j'avais, paraît-il, un problème au cœur : le ventricule gauche bouché ; je me demande comment je continuais à vivre), j'ai été refusé. Et comme la faim chasse le loup hors du bois, je me suis adressé à une unité d'artillerie.

J'ai été caserné en Allemagne après une instruction rudimentaire de base de quelques semaines. Je savais me servir d'une arme et marcher en rang. J'ai vite déchanté. Même volontaire, on perdait son temps à faire des corvées. Les problèmes de mauvaise attitude commençaient à se manifester. J'ai fait une nouvelle demande au régiment paracommando. Cette fois était la bonne. Nous étions à la fin de 1978, on avait encore dû intervenir à Kolwezi, au Zaïre.

Le régiment que j'ai joint alors était guidé par une vision morale et philosophique qui m'a marqué pour toujours. Non qu'elle ait été particulièrement originale — toutes les armées du monde suivent sans doute les mêmes principes —, mais elle était claire. C'est là que j'ai compris à la fois la cohérence de l'institution, le statut d'élite du commando de parachutistes, le sens des mots qui en résument l'esprit (disponibilité, amitié, fraternité, honnêteté, fierté, discipline) et la valeur de l'exemple. J'aimais le défi, j'ai plongé. Or, il y a loin du rêve à la réalité. La difficulté même a imprimé encore plus profondément chez moi la leçon que j'y ai reçue.

Quand on entre dans l'armée, on croit que l'on va vivre intensément des événements exceptionnels, sans savoir que le chemin pour y arriver n'est pas des plus faciles. Lorsqu'on découvre le revers de la médaille, on se dit que tout compte fait ce n'est pas ce qu'on souhaitait. La vie qu'offre l'infanterie est en effet souvent ingrate, elle exige beaucoup et rend peu. Pourtant, c'est en même temps une grande histoire d'amour qu'il faut vivre avec passion et, quoi que l'on en retire, on ne l'oublie jamais. Il y a encore ces paroles qui me résonnent dans la tête :

ici, vous n'êtes qu'un chien et vous serez traité comme tel ; tant que vous n'êtes pas parachutiste, vous avez deux droits dans l'armée : fermer votre gueule et ne pas en abuser. Voilà mon accueil, début janvier 1979, au premier régiment commando à Diest, en Belgique.

Là, ce ne sont que les plus forts qui restent. Aucun mensonge possible. Les règles sont très dures. Il est interdit d'être malade ou blessé, d'où la devise : marche ou crève. Je venais d'un régiment d'artillerie. Mon béret bleu marine, ainsi que celui d'un de mes amis, était repérable car les nouveaux incorporés au régiment étaient coiffés d'un béret kaki. Nous étions surnommés « les culs de plomb ». En outre, aux yeux de l'élite, nous représentions tout ce qu'elle pouvait détester de l'autre armée : l'incompétence. La note à payer est donc salée pour ceux qui osent défier leur nouvelle appartenance. Trois mois à être sélectionnés, triés sur le volet. Incapables de grimper une corde de cinq mètres ? Dehors ! Nous courions en peloton avec l'équipement de combat, quelqu'un tombait, on ne le ramassait pas : il était considéré comme un homme mort au combat. S'il ne se relevait pas : dehors ! Pour tous ceux qui ont échoué, les battus, même pour ceux qui s'étaient blessés, c'était une grande humiliation de retourner dans une sous-unité.

Pour les autres, trois mois donc où la condition physique, l'entraînement individuel était mis à rude épreuve. On nous répétait : les anciens l'ont fait avant vous. Trois mois de soumission totale, où l'impossible n'existait pas, car tout était basé sur l'exemple. Tout ce que les instructeurs exigeaient répondait à leurs propres capacités. Les exercices tels que des pompes, ou encore une promenade de santé dans les « matitis » (marécages), étaient toujours effectués avec les hommes. Mon sergent avait plus d'une quinzaine d'années de service, avec deux opérations réelles en terrain ennemi. Jamais il ne s'est vanté, ni crié sur nous. Son regard suffisait. Il était toujours le premier à entrer dans la merde, nous avions une telle dévotion pour lui que nous le suivions la bouche ouverte.

Bien sûr, à travers tout cet entraînement, les sanctions avaient parfois un côté comique. Cela était bon pour la solidarité. Je me souviens de quelques bêtises. Nous n'avions pas le droit de nous asseoir sur notre lit pendant la journée, le matelas et les draps étaient pliés pour former un carré. Aux pauses, nous allions fumer dans nos chambres. Un jour, épuisé, j'ai eu le malheur de m'asseoir sur le sommier en métal et de m'assoupir. Mes camarades m'avaient mis dans la bouche une cigarette allumée. Le sergent est entré dans la chambre, et je me suis retrouvé à courir avec mon matelas sur la tête au grand air autour du bâtiment.

La théorie générale nous était enseignée l'après-midi. La matinée était consacrée à toutes les activités physiques, jogging à travers la ville, natation, piste de corde, piste d'obstacle et *power-training*. Le repas de midi avalé, la fatigue se faisait sentir lorsque nous entrions en classe. L'instructeur envoyait quelqu'un chercher deux seaux d'eau, qu'il plaçait au centre de la pièce. Nous étions assis sur des bancs disposés en U. Quand quelqu'un commençait à cogner des clous, l'instructeur l'envoyait au centre se retourner un seau sur la tête. Pour finir cela devenait un jeu où on surveillait celui qui allait tomber.

Des histoires, des anecdotes, des situations cocasses, il y en a eu des centaines, mais nous étions traités en hommes. Naturellement, régler ses comptes d'une manière moins officielle, derrière le mur, aux poings, cela arrangeait parfois les problèmes, et il n'en subsistait souvent aucune rancune.

Sur plus d'une centaine de candidats, l'étape de trois mois franchie, à peine la moitié restaient. La remise du béret marron était toute une cérémonie. « Si vous réussissez ici, vous réussirez dans la vie. » Ces paroles venaient du colonel. Il s'est ensuite décoiffé et tous les paracommandos présents ont fait de même. À trois reprises, ils ont levé leurs bérets vers le ciel en criant : pour les nouveaux bérets rouges, pour ceux qui méritent les ailes.

Bien préparés physiquement, nous étions prêts à passer à travers la deuxième phase d'un mois à l'école de parachutisme. C'était un peu le camp de vacances après ce que l'on venait de subir, la pression disciplinaire était moindre. Il fallait pourtant encore faire un énorme travail au sol sur des tapis en effectuant des mouvements de réception de saut dans tous les sens. L'important était de ne pas se blesser, ne pas se fouler une cheville, pour être capable d'effectuer la mission. Une fois dans les airs, refuser de sauter conduisait en dehors du régiment. Pour tous les parachutistes militaires du monde, le saut tisse un solide lien d'appartenance et fait d'eux une classe à part, qui les assimile à des dieux descendant du ciel.

À peine breveté parachutiste, on passe aussitôt à la troisième phase. Le fameux camp commando d'un mois, c'est le grand réveil après l'enthousiasme, la finalité de notre entraînement de base, la mesure de notre audace, de nos limites et de notre témérité. Le décor du camp : un château, situé dans une vallée, le fleuve, des parois rocheuses de plus de cent mètres de haut, et des pistes aériennes au goût d'Indiana Jones. Mais surtout une histoire, celle d'un de nos rois qui s'y est tué en faisant de l'escalade. Marche-les-dames, toute une génération de commandos belges y est passée. Ici le vrai travail commence, chantez ou courez, la souffrance est au rendez-vous. Une paillasse installée dans une tente modulaire de huit hommes, près du chemin de fer. Toutes les techniques de combat commando y sont enseignées et mises en pratique : simulation de l'interrogatoire d'un ennemi, torture, puis une balle dans la tête (car on n'aime pas les traîtres). C'est bien plus tard que j'ai compris ce que l'on me demandait réellement. Pris dans le conditionnement, on devait exécuter et ne pas penser. Je crois que je devais en éprouver un certain plaisir. Oui, je devenais comme les autres, une bête de combat, prêt à tuer, un chasseur.

Peut-être avais-je moins conscience que si je me faisais prendre par l'ennemi mon sort serait scellé. Il était interdit de porter des tatouages ou toute pièce d'identité, rien qui puisse nous identifier comme commando. Les ordres étaient toujours simples, il valait mieux en savoir le moins possible. Ainsi sous la torture nous n'aurions pu compromettre les autres. C'est dur aussi d'admettre qu'en cas de mission nous devrions peut-être achever nos blessés, et j'aurais été capable de le faire.

Sur le terrain, nous serions livrés à nous-mêmes, sans soutien, seuls responsables de notre sort et de notre destin. La seule chose qui comptait, c'était la mission, peu importe les moyens. Ceux qui nous enseignaient nous retransmettaient un savoir guerrier atavique basé sur des faits réels vécus. Pourtant, ces anciens n'avaient rien de plus que nous, sinon que les circonstances avaient voulu qu'ils se trouvent mêlés à un conflit, plongés dans une réalité dans laquelle ils ont dû agir. Ces hommes étaient déjà de toute façon différents des autres, nous allions devenir comme eux, nous l'étions déjà par le même choix. Le régiment paracommando belge, par son élitisme, est conçu pour partir le premier, certainement pour mourir le premier aussi. D'ailleurs, dans toute l'armée belge, à ma connaissance, c'était le seul dont le contrat indiquait qu'on pouvait servir à l'étranger.

Me voici, après cinq mois, breveté paracommando. Je devenais opérationnel, mais ma formation continuait et touchait tout le matériel que nous possédions. Une formation plus pratique que technique, et très rapide. L'important, c'était le terrain, ensuite les exercices pour compléter le savoir-faire. J'ai vraiment appris mon métier sur le terrain, c'est là que tout se joue, que l'on apprend à utiliser tout ce qui se présente, la compétence de chacun, la collaboration de tous. Le travail en petits groupes et surtout la confiance faisaient en sorte que tout le monde pouvait faire des suggestions, et l'on était écouté.

J'ai aussi eu des faiblesses de caractère, fait la forte tête, posé des gestes inconsidérés. J'ai appris que le respect se gagne et se mérite. Soldats d'élite bien entraînés, nous étions prêts en tout temps, n'importe où, n'importe quand. Nous suscitions l'admiration de la population, le pays nous respectait : nous étions l'élite, deux guerres, les colonies, une histoire.

Le fardeau était peut-être trop lourd pour moi. Besoin de liberté, besoin de changement, histoire sentimentale, j'ai quitté. Personne ne me l'a reproché, j'avais rempli mon engagement, j'avais vingt ans et toute la vie devant moi. Mais je suis toujours resté fidèle aux idéaux qu'on m'avait inculqués.

Il m'a fallu plusieurs mois pour retrouver une vie normale. L'adaptation à la vie civile n'a pas été pour moi des plus faciles, non faute de travail — car le régiment paracommando donne une très bonne carte de visite —, mais parce que les règles du jeu y sont fort différentes. L'armée me protégeait même si par sa fonction elle ne s'est jamais immiscée dans ma vie extérieure de la caserne. Tout ce qui avait rapport avec le civil, par exemple contraventions, dettes, problèmes sociaux, devait être réglé par nous-mêmes. Notre vie privée était donc préservée, nous avions des journées de travail normales et nos week-ends, sauf en cas d'exercices. Non, c'était l'état d'esprit qui devait changer. Il fallait que je me démilitarise, que je cesse de bomber le torse et de serrer les poings.

J'ai étudié. J'ai connu des échecs, le divorce, l'alcool. J'ai été éducateur social auprès des rebuts de la société belge, j'ai fait du terrassement pour un salaire de misère, j'ai connu le montage à la chaîne dans une grande usine automobile, le chômage, le travail au noir et l'assistance sociale. J'ai même monté des affaires avec des anciens camarades parachutistes. Pourtant, l'aventure me manquait terriblement. J'ai compris que j'avais l'uniforme dans la peau. Dix ans après, je suis remonté aux sources.

Retourner dans l'armée belge, c'était recommencer ce que je savais déjà. Je voulais un autre défi. Comme j'étais né au Canada, et que j'étais citoyen canadien, j'ai passé les tests de sélection de son armée au centre de recrutement de Lahr en république fédérale d'Allemagne. Je ne connaissais absolument rien au système militaire canadien.

Je suis arrivé à la mi-janvier 1990 à l'aéroport de Mirabel. Je n'avais pas mis les pieds au Canada depuis plus de vingt-cinq ans et je ne savais rien du Québec, de sa société, de sa manière de vivre et encore moins de son climat. J'avais choisi l'armée canadienne pour faciliter mon intégration dans le pays, un contrat de trois ans dans l'infanterie. Trois ans, c'est court. Après je pourrais retrouver la vie civile.

Il y avait dans tout cela beaucoup de naïveté — et l'armée canadienne a su l'exploiter chez moi comme chez beaucoup d'autres. Il y a d'ailleurs un détail qui m'a un peu choqué lorsque j'ai passé mes examens de sélection. N'étant pas familier avec le système de mesure anglais, j'ai demandé une table de conversion métrique pour effectuer certains calculs. On m'a alors répondu que ce n'était pas important : pour l'infanterie, ce n'était pas nécessaire d'obtenir une note élevée. Comme si l'instruction, les connaissances étaient interdites dans les rangs. L'image qui a alors surgi dans mon esprit est celle du commandant bien assis dans son fauteuil pendant que les autres crèvent sur les champs de bataille.

En arrivant au pays, la neige et le froid étaient au rendez-vous. Je n'avais qu'une adresse, celle du centre de l'école des recrues à Saint-Jean-sur-le-Richelieu. À mon arrivée dans les forces armées canadiennes, j'ai suivi toute l'instruction de base. Cela m'a permis de me familiariser avec le système. Après mon instruction à l'école de combat, j'ai participé un mois et demi à la crise d'Oka, puis j'ai intégré le régiment aéroporté.

Comme pour tout soldat qui arrive à Petawawa pour la première fois, cela a été un choc, surtout pour moi qui venais d'une grande ville. Il n'y avait qu'un feu de circulation, et, sur les quelques kilomètres qui précèdent le camp, plus d'une vingtaine de concessionnaires de voitures et un seul club, le Sassy. En quelques années, le village s'est par la suite beaucoup agrandi. Avec la fermeture de la base de London, une unité d'infanterie s'est ajoutée (mille cent personnes avec leurs familles), il y a eu de nombreuses constructions, des *fast-food*, un nouveau centre communautaire.

Mes premiers contacts avec mon unité, le premier commando, ont été assez froids. On croyait que je devais seulement suivre un cours de recyclage d'un jour et sauter pour avoir le brevet de parachutiste. Ne parlant pas anglais, remplir tous les papiers a été pénible. Pendant deux semaines, j'ai navigué à vue dans un méandre administratif. « Welcome Airborne ! », me disait-on. J'entrais dans le milieu fermé de l'infanterie, peu connu même des militaires des autres sections.

II

Une façon de penser

Au Canada, on ne voit l'armée — j'entends particulièrement l'infanterie — que lorsqu'il y a des
crises, comme celle d'octobre 1970 ou celle d'Oka
en 1990. Pourtant, tout le monde sait qu'il y a des
casques bleus qui servent dans le monde, et on en
est fier. Tout se passe comme si on voulait une
armée, mais qu'on ne voulait pas la voir. De toute
évidence, il y a un grave problème de communication entre elle et la population. La question
qui se pose à cet égard est de savoir pourquoi on
s'obstine à vouloir tenir l'armée à l'écart, dans un
monde fermé, parallèle. Nous sommes des gens
comme les autres. Si l'entraînement comportait
une part de contact avec la population, cela lève-
rait le voile sur nos activités, éviterait les juge-
ments hâtifs sur les militaires, et nous obtien-
drions, grâce à cette fréquentation, un meilleur
soutien collectif. Pour le moment, nous sommes
plutôt portés à croire que notre commandement a

honte de nous, et peut-être la population aussi, qui compte certes sur nous pour les sales besognes, mais qui ne veut pas qu'on mange à table.

Cela dit, il est vrai que l'infanterie a sa ligne de conduite, sa façon de se comporter, ses règles et sa morale. D'une certaine façon, c'est une jungle où il est plus difficile de survivre à sa mentalité qu'à son entraînement ; un milieu profondément viril, guerrier, où on se laisse facilement envahir par un sentiment de supériorité ; un monde bien particulier, complexe et contradictoire, qui peut pousser à des attitudes et des comportements insoupçonnés. Tout ce que vous êtes est mis à l'épreuve, rien n'échappe au système, vous lui appartenez, corps et âme. C'est vous qui êtes là, en entier. Vous êtes sans cesse déshabillé et rhabillé, observé. On sait presque tout de vous. En même temps, il y a des aspects de vous qui resteront impénétrables. Le fantassin est égoïste. Il ne partage son plaisir avec personne. Ce qu'il fait, il ne le fait que pour lui-même.

À force de vivre en groupe, tous vos défauts vont ressortir et on ne manquera pas de vous le rappeler. La moindre de vos faiblesses sera la porte d'entrée d'une énorme pression. Vous serez accusé, jugé, condamné, acquitté, renié. Vous y verrez l'honneur, mais aussi la lâcheté et l'injustice. Vos sentiments seront bafoués, vous ne verrez plus la frontière entre l'homme et l'animal, entre le chasseur et la proie. Dès que vous aurez franchi les rangs, vous découvrirez une partie inconnue de vous-même. C'est un savoir qu'aucune autre école ne peut enseigner, et qui vous servira toujours. Mais le plus important, c'est à travers vos compagnons d'armes que vous l'apprendrez, leurs limites et les vôtres, et les situations ne manqueront pas pour le prouver.

Il est difficile de circonscrire cette mentalité et de dire ce que ces hommes ressentent ensemble. Pour la plupart, l'infanterie est une passion. C'est un milieu qui met en évidence tous les caractères et sentiments humains. Une vraie mini-société, avec ses héros et ses lâches liés à la même chaîne.

Il y a au fond du fantassin le désir secret de l'action guerrière, la conviction de pouvoir se battre et de tuer. Il méprise la guerre et en même temps la souhaite. Il attend que la violence et l'agressivité qu'il porte puissent éclater. Il y a un volcan au fond de lui, qui n'explosera peut-être jamais, mais qui est là. Et le système le sait, qui le contrôle, manipule, punit, grâcie. On hait ce système, mais on se comporte comme un chien qui aime que son maître le batte et lui donne un os. On aime cette soumission, on en est esclave. Ceux qui ont quitté l'armée ne l'oublient jamais.

On associe souvent la vie militaire et l'alcool. Et il est vrai que dans toutes les armées du monde on en consomme, quand il n'est pas remplacé par la drogue. Mais les choses à cet égard ont un peu changé. On a connu en effet une époque où on consommait de la bière durant les heures de service, et il était courant de trouver des soldats et même des supérieurs en état d'ébriété. Cela faisait partie des mœurs, peu de sanctions étaient prises.

Dire que tous les militaires sont des alcooliques est faux. Pourtant, devant l'ampleur du problème — on peut le contenir mais pas l'éliminer, la preuve en est que chaque année on arrête des militaires impliqués dans des accidents causés par l'alcool au volant —, l'armée a adopté un règlement sévère. L'alcool peut coûter la carrière, ou envoyer en prison. Le comportement du militaire qui a abusé d'alcool se reflète souvent dans les retards, la négligence dans sa tenue, une baisse de rendement, des sautes d'humeur. On a protégé des soldats qui avaient pris trop d'alcool. Mais ce qui est déplorable, c'est la protection constante dont bénéficient certains qui se permettent des actes indisciplinés pour la simple raison que leur supérieur boit avec eux.

L'alcool est un ingrédient de détente sociale. Boire est l'occasion d'oublier la hiérarchie et d'exprimer des opinions qu'autrement on tairait. Les conversations informelles sont souvent enrichissantes. Mais il y en a qui ne connaissent pas leurs limites, qui perdent le contrôle d'eux-mêmes. Leur comportement entache alors l'image de toute l'armée.

Il y a des situations bien particulières où on enregistre une augmentation excessive de la consommation d'alcool et de drogues, et c'est dans les missions des Nations unies. La vie en mission vous fait basculer dans un monde et un statut particuliers, loin des habitudes. Chercher à vous plonger dans une atmosphère est une façon de survivre au stress.

Contrairement à l'alcool, la drogue n'est pas tolérée dans l'armée, et sa possession et consommation sont punies par le code militaire. Les forces armées canadiennes soignent l'alcool, mais ne pardonnent pas la drogue. Pourtant, il n'est pas possible de l'éviter et il serait naïf de croire que l'armée et ses réglementations réussiront à freiner ceux qui veulent en consommer. En fait, l'armée n'a jamais pris au sérieux la drogue autant que l'alcool, croyant peut-être que cela touchait moins de militaires. Quelques commandants ont tenté de réagir, mais ils se sont vite trouvés devant un manque de support de la part de l'administration militaire. Il faut dire que, même lorsque quelqu'un est pris en flagrant délit, la procédure est longue et sans garantie de succès.

Au cours des exercices ou des missions des Nations unies, la quantité de fumeurs de haschisch ou de marijuana augmente. La paie ne sert parfois qu'à se payer de la cocaïne. Mais je ne crois pas que l'idée de consommer de la drogue fasse partie des préoccupations principales de celui qui s'engage dans l'armée. Si on y recourt, c'est souvent pour compenser les déceptions, pour oublier ses responsabilités, ou pour surmonter la tension. Le danger réside bien sûr dans l'imprévisibilité de la réaction de ceux qui en font usage lorsque, au combat, ils manqueront de drogue.

L'infanterie est un métier où la dépression guette plus qu'ailleurs, car la solitude, où on peut faire la part des choses, est impossible. Vous voudriez vous échapper, avoir de l'intimité, mais elle est maîtresse de votre personne. C'est difficile de renoncer à sa liberté individuelle, d'être toujours conforme à une règle. Les faiblesses, les souffrances, l'échec peuvent difficilement s'extérioriser. L'incertitude et l'instabilité du métier de fantassin vous laissent dans un doute permanent.

La désertion existe. Mais le plus souvent sous la forme d'absences illégales de courte durée. Il arrive toutefois que des soldats connaissent une envie de fuir. Ils sont au bout du rouleau, ont épuisé leurs ressources. Pour la déprime, les passages à vide, il y a le support de certains compagnons d'armes, mais on ne dit jamais réellement le fond des choses, même que certains ne le disent pas à leurs proches. L'orgueil du guerrier de ne pas montrer ses faiblesses, est-ce pour cela que nous n'abordons jamais le sujet de la mort ? Ce n'est pas par superstition, nous connaissons les risques du métier, c'est un sentiment qui nous effleure avant de partir en mission, mais cela ne devient pas une fixation. Le fantassin est assez fataliste : si la mort arrive, c'est que c'était l'heure.

L'infanterie est une armée d'hommes. La place des femmes n'est pas là. Il y en a actuellement, mais la plupart des postes qu'elles occupent ne sont qu'une illusion qu'on leur donne, une forme de tolérance obligatoire et imposée. À la première occasion, on leur rappellera qu'elles sont dans une unité de combattants. Dans ce sens, les droits de la personne en matière de harcèlement sexuel ne sont qu'un règlement auquel on doit se soumettre, mais dont tout le monde sait le caractère dérisoire. Les choses sont déjà assez compliquées dans l'infanterie, on pourrait sincèrement se passer des problèmes qui accompagnent la présence de femmes parmi nous. Cela n'empêche personne de rester poli.

Car il est clair, et sans vouloir froisser personne, que, techniquement et pour une question de morale, la présence des femmes dans l'infanterie demande à une majorité de se soumettre à une minorité. Il faudrait que nous changions nos habitudes, nos mœurs, sinon notre nature, pour la simple raison qu'il y a une femme parmi nous. C'est trop demander à des fantassins, à des hommes de combat qui vivent une intimité peu commune ensemble. Nous ne sommes pas prêts à accepter les femmes. Pour le moment, elles nous sont imposées par une politique qui veut se donner bonne figure et qui ne réalise pas à quoi ces femmes s'exposent, non seulement au sein de leur propre armée, mais sur un champ de bataille au moment où les règles et les bonnes manières ne sont plus respectées.

Certaines refuseront de nous entendre et voudront quand même se joindre à nous. Soit. Mais qu'elles sachent que le système leur ment s'il leur fait croire qu'elles pourront s'y épanouir. Du reste, depuis que le métier de fantassin est ouvert aux femmes, les candidatures ne sont pas nombreuses. Moins d'une dizaine servent dans nos rangs, et les postes qu'elles occupent, souvent dans l'administration, ne sont en général qu'une fausse intégration. Ces bons emplois éloignés de la dure et pénible vie de campagne suscitent d'ailleurs de la jalousie, car il y a des soldats avec plusieurs années d'ancienneté à qui ces postes devraient revenir.

Cela étant dit, nous ne refusons pas catégoriquement les femmes, mais il vaut mieux qu'elles trouvent une place dans des professions non combattantes. L'infanterie n'est pas à ce point phallocrate, nous aimons les femmes militaires et nous apprécions les services qu'elles nous rendent par leur dévouement médical ou administratif.

Un problème similaire se pose avec les homosexuels. Il y a des militaires qui veulent vivre leur homosexualité au grand jour et avoir une reconnaissance comme dans la vie civile. D'ailleurs, des causes ont été portées en justice. Il y a des homosexuels dans les forces armées canadiennes, mais c'est sans doute dans l'infanterie qu'on en retrouve le moins. Les cas de sida qu'on y connaît ne sont pas particulièrement liés à l'homosexualité. La difficulté n'est pas ici qu'un homosexuel ne ferait pas bien son travail de fantassin, mais il régnerait un malaise constant dans les rangs. À supposer qu'il y ait une évolution dans les mœurs, il se produirait des problèmes de couple, de jalousie et autres complications, qui, sur le champ de bataille, viendraient s'ajouter à ceux de la guerre proprement dite.

Nous n'aimons pas les différences. Être différent nourrit inévitablement des préjugés. Il ne faut pas se le cacher, le racisme existe dans les forces armées. Mais ce racisme n'est pas à vrai dire de nature ethnique. C'est la mentalité de l'autre et ses mœurs qui suscitent des attitudes racistes. Il sera mis à l'écart, il ne fera partie d'aucun groupe. Pour éviter cet ostracisme, il faut être approchable. Dans l'infanterie, on met tout le monde à l'épreuve en tout temps et on trouve des surnoms à tous ; c'est une manière de nous identifier et de mettre en évidence des traits de caractère. Combien de fois on m'a appelé LeBelge. On peut voir certains propos comme du harcèlement, mais alors il faut se défendre. L'armée n'est pas une garderie. C'est fatigant, mais il faut s'y faire et marquer des limites. Le témoignage sur bande vidéo d'un soldat qui a tenu des propos racistes a dans ce sens été mal interprété. Il aurait suffi d'interroger le parachutiste noir qui apparaît sur la même bande pour se rendre compte que la plupart des commentaires négatifs contre le régiment aéroporté, en l'occurrence, ne sont que pure fiction et pas considérés comme racistes dans les armes de combat et dans certaines autres unités des forces armées.

On retrouve enfin dans l'armée enfin le problème constitutionnel, et là aussi, il y a des extrémistes dans chaque camp. Des Canadiens français s'afficheront toujours québécois avant tout. D'ailleurs, il y a dans l'armée un mouvement de soutien à la cause indépendantiste, qui ne va cependant pas jusqu'à la prise d'armes contre le Canada.

Entre-temps nous sommes toujours au service de la population canadienne. Si un jour le Québec accède à son indépendance, chaque soldat fera son choix. Pour les Canadiens français, il n'y aura pas vraiment d'autre solution que de rester au Québec. S'aventurer comme soldat du côté anglais ne serait pas bien vu, ni par les uns ni par les autres.

Il y a bien sûr une réglementation commune dans l'armée, mais on a deux façons de travailler, le mode de commandement est différent entre une unité française et une unité anglaise. Certains s'accommodent des deux formes, d'autres trouvent le système anglais plus stressant, trop esclave du manuel, mais en même temps plus respectueux du rang. Côté français, l'ambiance de travail est plus souple, plus ouverte. L'infanterie est un des rares métiers dans l'armée où il n'y a pas obligation d'apprendre les deux langues. Les bataillons d'infanterie sont répartis à travers le Canada. Il n'y avait qu'une seule unité au pays qui regroupait une compagnie entière de francophones, le régiment aéroporté de Petawawa, et c'est là qu'on trouvait le plus gros problème de bilinguisme pour les soldats du Royal 22e de Valcartier.

Dire que l'armée canadienne est bilingue serait mentir. Il n'y a pas des services en français sur toutes les bases militaires, par contre les anglophones trouveront au Québec de bons services administratifs anglais. Les choses se corsent pour eux lorsqu'ils sortent des bases. Les francophones, de leur côté, sont désavantagés dans l'enseignement, car de nombreux cours en dehors du métier de fantassin sont donnés en anglais. Cela n'empêche pas des francophones de bien se débrouiller même avec une moindre maîtrise de la langue anglaise. J'ai souvent vu des soldats canadiens-français abandonner leur langue lorsqu'ils se trouvaient avec des Anglais, mais l'inverse n'est pas vrai.

On rencontre certains militaires francophones qui, sur une base anglaise, continuent à vous parler anglais même s'ils voient que vous avez de la difficulté à vous exprimer dans cette langue. Comme s'ils avaient honte du français. On trouve aussi de nombreux officiers supérieurs canadiens qui ne parlent qu'anglais. Les quelques mots français qu'ils connaissent ne servent qu'à leur donner un statut de présumé bilingue. Il est donc primordial de connaître l'anglais pour évoluer au sein des forces armées canadiennes. Mais il est vrai aussi que la langue utilisée entre les contingents des missions des Nations unies est l'anglais.

Quoi qu'il en soit, les polémiques autour de la couleur, du sexe, de la langue ou de la religion ne servent qu'à se faire un crédit politique. Les hommes de terrain n'y attachent pas beaucoup d'importance. Ce qui compte pour eux, c'est d'abord la compétence de chacun.

III

LOURDEUR ET INCOMPÉTENCE

Mais qui sont ces hommes qui ont choisi l'infanterie ?

Les raisons qui poussent un candidat à s'enrôler sont multiples. L'armée est à l'image de la société. Chacun y vient avec son bagage et ses antécédents, bons et mauvais. Les forces armées canadiennes comptent par exemple des milliers de soldats de régions économiquement faibles qui n'offrent pas d'avenir à leurs jeunes. Mais d'autres y sont à cause de l'échec scolaire, du chômage, d'un travail insatisfaisant ; ou encore par désir d'acquérir de l'expérience, d'apprendre un métier, par goût de l'aventure. C'est rarement une vocation. L'enrôlement se fait souvent au centre de recrutement, mais le recrutement ne se fait pas par les soldats eux-mêmes. Il n'y a pas de publicité de bouche à oreille. Voir un uniforme dans la rue, quand cela arrive, n'attire pas les candidats. Celui qui franchit la porte d'un centre se trouve donc devant l'inconnu, et c'est parfois là qu'est le premier piège.

Le recruteur est un vendeur qui oriente les candidats selon les besoins. La publicité télévisée ou radiophonique vante les pilotes, mais l'aviation est réservée à l'élite, et les compressions budgétaires ont cloué des F18 au sol. Ce sont les armes de combat, infanterie, artillerie, blindé, génie, qui requièrent le plus de personnel. Beaucoup de recrues se sont fait vanter l'infanterie par des sélectionneurs qui n'appartenaient même pas à l'armée de terre et qui n'y connaissaient rien. Mais on peut trouver pire. Par exemple, des recruteurs appartenant à l'infanterie qui ont trouvé une planque dans un centre de recrutement et qui mentent aux candidats.

Derrière des vidéos enchanteurs se cache la vraie vie du fantassin. Du point de vue de l'expérience humaine, aucun doute, on apprend beaucoup. Sur les autres, sur soi-même. Une vie de groupe exceptionnelle, des défis individuels et un mode de fonctionnement très flexible. Ce qu'on ne dit pas, c'est que l'infanterie est le parent pauvre et négligé de l'armée, peu respectée, mal considérée. Pourtant, c'est elle qui est le plus souvent déployée en première ligne dans les missions des Nations unies.

Beaucoup de raisons expliquent le manque constant de personnel dans l'infanterie et sa grande faiblesse en termes de compétence. C'est une suite logique de son fonctionnement et du peu d'attrait qu'elle exerce. Après un séjour de trois à six ans, sur une trentaine de soldats qui auront rejoint leur unité, plus de la moitié auront quitté les armes. Un petit nombre auront choisi un autre métier au sein de l'armée — ce qui est de moins en moins facile dans la mesure où les missions des Nations unies ont besoin de beaucoup de personnel des unités combattantes —, mais le passage se fera avec une telle lenteur que le moral sera entre-temps sérieusement éprouvé.

Le métier de fantassin est rempli d'ingratitudes, exigeant et imprévu. Un métier pour célibataires de préférence. L'infanterie est un monde injuste, malhonnête, noyauté par une classe privilégiée. Sans reconnaissance pour ses hommes, elle ne les prépare pas davantage à réintégrer la vie civile. Le fantassin connaît les conditions difficiles par tous climats. Quant à sa vie en garnison, elle est souvent mal organisée. Il appartient à l'infanterie corps et âme, il n'est qu'une marionnette, un pion. Il faut se préparer à vivre une tension continuelle dictée par l'humeur de gens avides de pouvoir. Une grande déception attend donc les recrues. Lorsque vous aurez tout donné, qu'on vous aura pressé comme un citron, on vous jettera aux rebuts.

Mais alors, pourquoi y rester ? Le sentiment fascinant et persistant de vivre des choses hors du commun, un travail stable avec un bon salaire et une pension après vingt ans de service. Comme pour beaucoup de monde, avec le temps, on fonde une famille, on achète une maison. Il y a des comptes à payer. L'infanterie a aussi longtemps permis, à partir de peu de chose en termes de capacité et de compétence, de se faire une position et d'acquérir un statut qu'on n'aurait jamais atteint dans la vie civile. Cette mollesse a laissé un héritage désastreux. On se retrouve maintenant avec des militaires qui ont un statut dont ils sont incapables d'assumer les responsabilités.

Les forces armées restent quand même un bon employeur, patient, tolérant — trop, sans doute. Mais comme l'engagement varie selon le marché du travail, on les quittera à la première occasion. En attendant, les insatisfaits y sont nombreux. Vous voulez changer de secteur ? Pour vous retenir, on vous promet monts et merveilles. Vous restez insensible ? Préparez-vous à une forte pression. L'infanterie n'aime pas que ses enfants la quittent.

L'image qu'on donne de l'armée à l'école des recrues est léchée. Le mécanisme ne grippe pas, on n'exerce aucune contrainte, le règlement est appliqué à la lettre : tout est conçu pour donner l'impression d'une institution propre, saine et juste. C'est vrai qu'il y a eu des cas de drogues et qu'on a dépisté des tendances suicidaires. Mais on a fait preuve de diligence : l'armée ne traîne pas. Les naïfs s'y laissent prendre. C'est la moindre des choses qu'une organisation comme l'école de recrues soit une institution parfaite d'endoctrinement et de manipulation. Mais est-elle efficace ?

On y retrouve des recrues qui viennent des fonds de grenier, des candidats qui ont échoué leurs premiers cours de recrue, pour des raisons médicales ou scolaires. Les recyclés, comme on les appelle. Déjà la question se pose : comment peut-on conserver des jeunes plus de six mois et jusqu'à un an et demi en espérant qu'ils terminent enfin leur école ? De toute évidence, la sélection du personnel au départ est mal faite. Il y en a qui se sont vus bloqués à l'école à faire les femmes de ménage car, à cause de la mauvaise planification des cours, le métier qu'ils avait demandé ne leur était accessible que quelques mois plus tard.

L'école de recrues n'est du reste qu'une partie superficielle de la vie militaire, particulièrement pour ceux qui ont fait le choix des armes de combat. C'est par la suite qu'un grand fossé se creuse entre les métiers de combat et les autres. J'y reviendrai.

La petite base d'infanterie et les deux jours de vie de campagne enseignés par l'école sont une vraie farce : souvent, ceux qui ne choisissent pas les métiers de combat ne connaîtront plus jamais ce mode de vie et si par malchance ils s'y frottent, ils se rendent vite compte que les conditions ne sont nullement comparables à ce qu'on leur a enseigné.

À la fin de l'école de recrues, il y a pourtant encore de l'enthousiasme, une fierté, la flamme. À l'école de combat, la pression diminue. On a plus de liberté, plus de contacts avec la vie extérieure.

En même temps apparaît un fort sentiment guerrier. On se fait faire des tatouages. La tête enfle. On se croit invulnérable jusqu'au jour où on se fait casser la gueule dans un bar par des civils. Avec la possibilité de retourner dans sa famille, de voir ses amis, avec le plaisir de l'alcool et des femmes, on reprend goût à la vie en dehors de l'armée. La motivation diminue. C'est souvent à ce moment-là que surgissent les premiers ennuis, retards, indiscipline, doutes.

Si l'instruction à l'école de combat est en principe la même pour tous, que les normes sont communes, bien souvent elle varie selon les instructeurs. La mobilité du personnel et les nombreuses tâches extérieures font que ce n'est pas possible de maintenir les mêmes exigences pour tous les candidats. Le manque de stabilité crée différents standards et parfois de graves lacunes. Il suffit de regarder travailler les jeunes soldats pour voir les différences entre les cours. Mais ce qui est plus grave, c'est qu'il faut répondre à des besoins d'effectif fixés sur papier et non retenir le personnel en fonction de ses qualités. Si bien qu'on se trouve à devoir laisser passer des candidats qui n'ont pas les capacités d'être dans l'infanterie. C'est là qu'on introduit dans l'armée des indésirables que les autres rejettent.

Du côté des instructeurs, il y a des anciens soldats qui, grâce à leur temps de service, leur expérience et leurs cours, sont devenus sous-officiers. Mais dire que ce sont les meilleurs éléments qui font partie du personnel enseignant serait inexact. On peut certes penser qu'engueuler les soldats, vider leurs armoires en les traitant de cochons forme le caractère, que les faire ramper dans l'eau et la boue les conduit vers l'obéissance et la solidarité. Et bien sûr, dans l'infanterie, il faut enseigner le devoir avant les droits. Mais est-on sûr que c'est la meilleure méthode ? Beaucoup de soldats haïssent ces procédés brutaux, inutiles et sans fondement. Ce sont là des restes d'un enseignement ancien, certes condamnable, mais qui avait aussi des avantages, par exemple, appliquer des principes et être incarné par des gens qui avaient connu le terrain. Mais le jeune recherche maintenant une armée intelligente et ces vieilles manières détruisent chez lui la confiance en cultivant la frustration. Il ne s'agit pas de remettre en question l'autorité, la discipline, mais de revoir la formation et l'identité que l'on veut donner ou laisser à nos soldats. Or, si ce modèle est clairement désuet, le nouveau ne s'est pas encore affirmé, sinon dans l'ambiguïté et l'hésitation.

Après avoir appris pendant seize semaines le maniement des armes légères, l'orientation, les communications, la vie en campagne avec les techniques de combat et passé à travers une mise en condition physique, les recrues arrivent dans la grande famille du bataillon. C'est ici que se produisent le grand dérapage et la perte de contrôle des jeunes troupes. Certains fantassins diplômés se réjouissent de ce changement car cela constitue pour eux une planque où ils ne subiront plus autant de stress qu'à l'école de combat. Pour la majorité toutefois, il y a encore un désir profond de servir, d'être de vrais soldats. Malheureusement, leur énorme potentiel ne sera pas exploité et ils connaîtront la désillusion.

L'infanterie a été mal préparée aux changements humains. Elle a admis des candidats non instruits qui ont évolué à travers le système et qui se retrouvent maintenant à des postes de commandement où ils ne font que répéter ce que d'autres avaient acquis. Or, le fantassin moyen a de nos jours une formation scolaire plus élevée, une éducation différente et un sens des valeurs qui n'ont rien avoir avec des hommes de main. Ceux qui ont été formés selon un régime musclé et autoritaire, qui sont habitués aux coups de gueule, qui éprouvent de l'admiration pour les plus gros buveurs, ne peuvent pas soudainement s'improviser psychologue et travailleur social. On retrouve encore des sous-officiers qui sont incapables de faire de l'instruction, de rédiger un rapport, ou de parler aux soldats.

L'instruction scolaire n'est peut-être pas obligatoire pour être un bon fantassin, mais il vaut mieux être instruit si vous ne voulez pas qu'on se moque de vous. Cela ne fonctionne plus d'être uniquement un corps capable de supporter la douleur. Il faut aussi avoir une tête qui sache diriger intelligemment avec souplesse et discipline. Il y en a heureusement qui l'ont compris. Mais on ne change pas du jour au lendemain une génération, un mode de pensée et un système qui répondait aux mœurs du passé. Dans l'infanterie, les jeunes sont plus instruits, leurs besoins sont différents et leurs problèmes plus complexes.

L'armée se sent parfois obligée de gérer la vie privée et s'ingère dans des questions qui ne la regardent pas. Souvent on se plaint d'être traités comme des enfants. On pourrait se demander si cela n'est pas dans l'intérêt de l'armée de garder une partie de ses militaires dans l'ignorance. Je suis certain en tout cas que cela arrange certains supérieurs qui peuvent ainsi étendre leur pouvoir et mieux contrôler leurs troupes. Mais les méthodes abrutissantes et illogiques ne sont plus admises par les jeunes. Certes, il y a des ordres à exécuter, mais avec bon sens. La montée en ligne sous le feu des mitrailleuses n'est plus admise. Quant au mille autres petites obligations désuètes et irritantes qu'on nous impose, n'en parlons même pas.

Qu'on me comprenne bien, je ne conteste pas la discipline, mais l'exagération et la fixation de certains comme si leur vie dépendait d'un béret mal placé ou d'un bouton détaché. Un regard, une manière polie, une explication sont plus effi-caces que des menaces. Cris, grossièretés et insultes ne sont plus d'aucune efficacité sur un groupe. Le nouveau pouvoir se trouve dans un jeu de subtilités, mais pour cela il faut être un exemple et accepter des contraintes pour soi-même avant de les imposer aux autres.

Cela n'est pas encore le cas. Car si, à côté de la vieille garde, il y a des officiers plus jeunes, on ne trouve pas là non plus un exemple de bon commandement. C'est la structure même du commandement qui est fautive. Elle recherche des officiers fonctionnaires éloignés des soldats et elle est trop lourde.

Pour comprendre le corps, il faut voir la tête qui le dirige. Si les forces armées canadiennes connaissent une crise importante de leadership, c'est d'abord à cause du trop grand nombre de dirigeants à tous les échelons de la hiérarchie. En plus de manquer de perspective d'avenir, on procède à des nominations pour des raisons administratives plus qu'en réponse à des besoins réels. On se retrouve avec plus de généraux que de chars d'assaut. Il y a trop de gens qui prennent des décisions, qui sont incapables de se mettre d'accord, et qui en cas d'erreur s'attribuent mutuellement la faute. Un simple congé ou un problème bénin nécessitent un tas de décideurs et entraînent une énorme perte de temps. Une armée qui est devenue plus administrative que guerrière ne trace plus la voie qu'à la recherche de pouvoir. Comment peut-on se dépasser si l'on ne s'investit plus dans des missions ? Ce sont des chefs gratte-papier qui causent notre échec militaire. Lorsqu'on se retrouve face à la vraie réalité, c'est le désastre.

Pourtant, nos officiers sont couverts de médailles. On pourrait croire que ce sont des héros. Bien sûr, certains le sont. Mais les autres ? Eh bien, les autres arborent des médailles administratives. Dans les rangs, on se demande d'ailleurs souvent où ces gens se sont distingués. Pas sur le terrain en tout cas.

Beaucoup de chefs, oui. En laissant de côté les hautes sphères du pouvoir, faisons un calcul rapide. Une compagnie d'infanterie compte en général cent dix hommes divisés en trois pelotons. À sa tête, il y a un commandant (major) ; un adjoint du commandant (capitaine-adjudant), qui remplace le commandant en cas d'absence et s'occupe de l'administration de la compagnie ; un adjudant-maître, qui veille à faire régner et respecter la discipline parmi les soldats et les sous-officiers ; un commis d'administration (un caporal-chef), qui est le secrétaire de la compagnie ; un adjudant, qui dirige le quartier-maître (tout le matériel militaire de combat, comprenant l'armurerie) et qui dispose d'un caporal-chef et de deux caporaux. À leur tour, les trois pelotons ont, chacun, un commandant (sous-lieutenant, lieutenant, ou capitaine), un adjudant-adjoint et un caporal-chef, qui s'occupe des armes d'appui avec deux caporaux. Chaque peloton est enfin divisé en trois sections à la tête desquelles il y a un sergent et son adjoint, un caporal-chef. On obtient de la sorte trente-trois personnes qui se trouvent dans un poste de décision, presque un chef pour trois hommes. Pas étonnant qu'il y ait de l'information qui se perde.

La diffusion de l'information et la communication sont en effet déplorables dans les forces armées. Le téléphone arabe marche mieux. Je n'ai jamais vu autant de désinformation que dans le milieu militaire. Le plus bel exemple a été la crise d'Oka. Lorsque nous recevions les journaux du matin, on criait : voilà les ordres de la journée qui arrivent. L'armée fonctionne avec ses rumeurs, faute d'information officielle de sa part. Il suffit de regarder la télévision et d'écouter la radio pour connaître ce qui se passe dans sa propre unité. Nous apprenons souvent des médias des décisions qui nous concernent.

Notez que j'ai raisonné jusqu'ici comme si l'effectif était complet. En réalité, c'est chose rare dans l'infanterie. Car outre les rotations de personnel, elle est incapable de dire non aux continuelles demandes de tâches extérieures pour former et entraîner l'armée de réserve. Cela désorganise une structure qui a déjà du mal à s'organiser elle-même. Si bien qu'un commandant se retrouve souvent sans chefs, alors même qu'il y en a tant sur papier. Quant à la formation, qui soustrait également les hommes à la compagnie, elle est certes importante, mais les militaires passent plus de temps à être formés qu'à utiliser leurs connaissances.

Pour dégraisser tout cela, comme on dit, il faudrait regrouper les responsabilités et supprimer les intermédiaires, c'est-à-dire les adjoints des chefs de section et des commandants de peloton. Sans perturber en rien le fonctionnement, cela réduirait le nombre à quinze décideurs et obligerait les officiers à être plus proches de leurs hommes que du papier, et les sergents à être responsables de la gestion de leurs sections. Il est grand temps de fermer des postes inventés pour ne favoriser que l'avancement. À cet égard, je crois d'ailleurs que le grade de sergent devrait retrouver toute son importance et toute sa signification. C'est un des plus beaux rangs de commandement qu'on puisse avoir dans l'infanterie. Les sergents sont pourtant devenus des valets, des suiveurs, leur voix n'est plus respectée, ils ne s'investissent plus dans le pouvoir. On a brisé ceux qui voulaient encore se tenir debout.

Peut-être, dira-t-on, faudrait-il en effet réduire le nombre de décideurs, mais la motivation pour avancer, où la prendra-t-on ? À cela je répondrai que le pouvoir dans l'armée est un mur derrière lequel les faibles trouvent une supériorité qu'ils n'ont pas et qu'ils n'auraient jamais acquise dans un contexte normal. L'infanterie est remplie d'opportunistes qui ont simplement eu la chance d'être là au bon moment. Le grand tournant du règne de la vieille garde se situe dans les années quatre-vingt, moment où plusieurs soldats avaient atteint trente ans de service. On s'est débarrassé trop rapidement d'un état d'esprit, de valeurs, aussi vétustes soient-elles. Ces vétérans conservaient le respect et l'inculquaient aux jeunes, et quelles qu'aient été les limites de leurs méthodes, elles étaient efficaces. La capacité de résoudre un problème lorsque quelqu'un ne faisait pas l'affaire était réelle, et l'application des normes d'admission était honnête. Du côté des relations entre sous-officiers et officiers, lorsqu'une chose n'allait pas pour les soldats, des voix s'élevaient pour les défendre. Aujourd'hui, on ne les entend presque plus. Vaut mieux s'écraser, et que les hommes paient. La vraie loyauté, à mon sens, est d'assumer ses responsabilités et non de les fuir.

En ce qui concerne la rotation du personnel, elle signifie le changement constant de superviseur. Pour en donner une idée, au cours des cinq dernières années, je suis resté dans la même compagnie, le même peloton et la même section. Or, j'ai eu quatre commandants de compagnie, quatre commandants de peloton, trois adjoints de peloton, cinq sergents commandants de section et au moins dix caporaux-chefs adjoints de section, et je ne compte pas les soldats...

Cette instabilité entraîne deux conséquences. D'abord, vous devez en permanence essayer de vous adapter à vos nouveaux patrons. Ensuite, vous pouvez fournir un rendement de travail supérieur avec certains et tomber dans l'oubli avec d'autres. Le règne des uns se termine, celui des autres commence, ce qui était toléré par l'un ne fait pas partie de la politique de l'autre. Cela provoque un constant remue-ménage dans les habitudes. J'ai vu des clans se démanteler et d'autres se reconstruire, des soldats sortir de l'ombre ou au contraire se faire écarter. Lorsqu'il y a un changement, les soldats ont la chance de courtiser le nouveau pouvoir, d'essayer de se placer les pieds, mais certains n'y arrivent pas et tombent dans la dépression.

La rotation du personnel ainsi que le mouvement continuel de l'infanterie ont fait apparaître de jeunes loups assoiffés de pouvoir. L'expérience et l'ancienneté ne sont plus nécessaires pour monter en grade. À cause d'une désertion importante des postes, il a fallu les combler par ceux qui étaient là même si le choix n'était pas toujours judicieux. S'il fallait une dizaine d'années pour devenir sous-officier (sergent), il en faut actuellement la moitié, et parfois seulement deux ans pour obtenir le grade inférieur, celui de caporal-chef. Trop de jeunes parfois non encore sevrés se retrouvent ainsi dans des postes de sous-officiers sans avoir la maturité ni l'expérience nécessaires. Encore trop proches de la vie de soldat pour pouvoir faire la part des choses, ils ne peuvent faire de coupure nette ; mais il arrive aussi que, à l'inverse, la coupure le soit trop.

La liste de mérite et le système qui la gère sont ce qu'il y a de plus contestable dans les forces armées. C'est lors d'une réunion annuelle à Ottawa que se fait la vente aux enchères des nominations, et vous n'avez aucune garantie sur la personne qui représente les hommes, une autre pauvreté des gens qui vous commandent et qui ne vous connaissent pas. Cela ne confirme que la médiocrité d'un tel procédé et met en évidence que ce sont très peu vos supérieurs directs qui peuvent vous orienter ou vous appuyer quand vient le temps de votre promotion.

Vous n'êtes pas vraiment jugé selon votre valeur car ceux qui vous évaluent font une sélection basée sur des rendements ponctuels, parfois déjà anciens. Il aura suffi parfois d'un moment de bon travail pour obtenir la note qui permettra à votre nom d'apparaître sur la liste de mérite. Est-ce que votre rendement est constant ? Qui s'en soucie ? Vous pouvez vous reposer sur vos lauriers et obtenir votre nomination. Tout cela s'accompagne d'énormes inégalités qui minent la crédibilité de ceux qui nous jugent. Les erreurs de jugement sont fréquentes, le mécontentement aussi. À cause de tels principes, nous perdons de très bons soldats, dégoûtés de voir que certains de leurs supérieurs n'ont jamais défendu la compétence ni le rendement, préférant nommer des soldats non méritants pour une simple question de copinage.

Une course rude se joue aussi dans le milieu des officiers. Quand on sait qu'un sous-lieutenant n'a même pas la paie d'un caporal, on comprend que le salaire de capitaine le fasse rêver. Combien de fois n'a-t-on pas remarqué que les jeunes lieutenants encore naïfs et sans expérience s'éloignent des hommes aussitôt qu'ils entrent dans la course de promotion. On note subitement un changement fondamental dans leurs attitudes, ils se mettent au service de la logique hiérarchique et du système salarial. Les nouveaux jeunes chefs se retrouvent à commander des soldats du même âge qu'eux, et il est plus facile de jouer à copain-copain que d'imposer son autorité. On se demande parfois qui commande, les hommes ou le chef.

La paie d'un chef et ses privilèges sont plus grands, mais les responsabilités aussi. Mais il n'est pas donné à tous de savoir mener des hommes. Si, avant, un soldat se mettait au garde-à-vous devant un caporal, actuellement on a de la difficulté à le faire avec respect devant un sergent, et même un adjudant. On peut ressentir le malaise et les maladresses d'un pouvoir donné à celui qui n'a pas les capacités de leader. Si cela fonctionne encore, c'est que nous obéissons au grade, mais cela ne veut pas du tout dire qu'on respecte celui qui le porte.

L'insatisfaction alimente une critique de plus en plus ouverte et qui prend pour cible la haute hiérarchie. Des généraux sont pointés du doigt. On discrédite de plus en plus ceux qui nous commandent, car si certains se font encore respecter pour leur compétence et l'exemple, d'autres adaptent leur mode de commandement à leur humeur ou, pis, à celle de leurs hommes. Ils se perdent alors en politesse, explications et excuses dont l'effet est simplement de miner leur autorité.

Le pouvoir monte facilement la tête des jeunes loups, le manque d'expérience et de maturité les conduit dans l'excès. Ils perdent contact avec la réalité, cessent de penser à leurs hommes au profit de leurs intérêts personnels et de leur carrière. Si cela va si mal dans l'infanterie canadienne, c'est qu'il y en a qui refusent d'assumer les responsabilités pour lesquelles ils ont été nommés et pour lesquelles ils sont payés. Mais en sont-ils capables ?

L'importance du chef est primordiale dans l'infanterie. Un commandement intelligent, exemplaire et ouvert est la clé du succès pour convaincre des hommes de vous suivre n'importe où. Avec leur confiance, ils vous seront toujours reconnaissants et fidèles. Leur motivation atteindra des sommets. Mais de tels leaders sont de plus en plus rares, puisqu'on ne fait rien pour les inciter à rester dans l'armée. C'est une situation dramatique parce que les exemples manquent à une jeune équipe de relève qui possède tout le potentiel nécessaire pour un engagement ferme et soutenu, mais l'encouragement est presque nul.

Beaucoup d'officiers ont été sevrés dans un collège militaire sans avoir connu la vie civile, où il faut souvent faire ses preuves plus durement pour accéder à un poste de responsabilité. Là, le cocon de protection n'existe pas, il faut travailler pour y arriver. Tel n'est pas malheureusement le cas dans l'armée. Nous voyons les différences. Les officiers qui ont de l'expérience civile réagissent autrement et souvent ils sont mieux appréciés même dans l'état actuel des choses. Ils n'ont pas subi l'influence négative du manuel. Souvent aussi, ce type d'officier est marginalisé, il existe une forme de médisance entre ceux qui ont fait le collège et ceux qui ont étudié dans le civil. Nous sentons tout de suite quand un jeune officier fraîchement sorti de l'école arrive pour commander un peloton. Il n'impose qu'une théorie sans être un leader, il ne fait que reproduire ce qu'on lui a appris.

Pour créer une classe d'élite, il faut avoir du vécu. Les soldats qui sont devenus officiers sont de plus en plus rares. Ceux-là sont passés par la meilleure école, la troupe. On donne trop vite un commandement dans l'armée canadienne à des gens inexpérimentés. Il n'est pas normal qu'un jeune officier puisse faire un rapport annuel de rendement sur un adjudant qui a vingt ans de service. C'est lui qui devrait plutôt écouter son aîné. Il y aurait une meilleure communication et une plus importante prise de conscience de la part des jeunes cadres au lieu de les laisser s'enfermer dans un statut qu'ils ne savent pas assumer par manque d'expérience et de se cloîtrer dans une fausse idée de la troupe. Une année suffit pour se retrouver à la tête d'une trentaine d'hommes ; trois ans et on est dans un bureau. On aura peu connu la vie de campagne et on sera incapable de comprendre l'infanterie. Même l'entraînement est planifié dans un bureau, comme si l'entraîneur de natation ne savait pas nager.

Trop souvent, en effet, nous nous demandons où sont les officiers quand nous nous entraînons. (Tout récemment, j'observais un instructeur dans une école de combat. Il était d'une obésité obscène pour la profession. Il suait à suivre son peloton. Un camarade a alors dit que c'était là le genre à faire arrêter ses soldats et à leur faire faire des pompes pour que lui puisse récupérer. Ce n'était pas la première fois que j'entendais ce genre de réflexion. Des officiers étrangers appellent l'armée canadienne *fat army*, une armée de gros. Comment en avoir du respect ?) Alors qu'ils ont la responsabilité de diriger des hommes, ils n'ont jamais l'occasion de connaître et de comprendre la troupe. Il ne s'agit pas ici de les en tenir responsables. Certains préfèrent être avec nous plutôt que de pousser un crayon dans un bureau. Mais entre-temps ce sont les soldats qui paient la note. Nous nous épuisons à faire leur carrière. Lorsqu'ils auront commandé trois ans un peloton d'infanterie, ils seront mutés dans une fonction administrative, postés dans un endroit tranquille pour plusieurs années. Eux, ils n'auront pas eu le temps de prendre conscience des problèmes et encore moins de leur esquisser des solutions ; nous, nous devrons continuer à donner pour un autre et encore un autre. C'est comme si nous courions sur une piste d'athlétisme et qu'à chaque tour on changeait d'entraîneur. Si celui-ci continuait avec nous, on pourrait se comprendre et ne pas s'épuiser à tourner en rond sans faire de progrès. Nous avons l'impression que ce sont eux qui s'entraînent à nos dépens, que nous sommes leur terrain d'essai, et qu'ils ne nous laissent jamais le temps d'apprendre le métier.

La relève n'a pas été préparée aux bouleversements. Elle ne fait que survivre entre ce que les forces armées étaient et ce qu'elles devraient être. C'est une jeune équipe qui est en train de se construire et de faire des erreurs, et ce n'est qu'au sein d'elle-même qu'elle peut se développer. Elle a aquis au cours des cinq dernières années une expérience unique en matière de maintien de la paix. C'est de cette expérience que naîtront les dirigeants de demain qui feront de l'infanterie canadienne une grande armée réfléchie. Le système actuel se débat entre corruption et arrivisme. C'est le côté obscur de la profession, on veut les avantages mais pas les responsabilités. C'est pour cela qu'on ne peut plus accepter l'incompétence et qu'il faut la dénoncer.

IV

UNE ARMÉE AMBIGUË

La vie de fantassin est dure, mais les conditions se sont largement améliorées au cours des dernières années. On a mis en place tout un système pour améliorer les conditions de vie des soldats afin qu'ils soient en forme et motivés pour aller à la guerre. (Ce qui est déjà un énorme mensonge : a-t-on déjà vu un soldat se rendre à la guerre avec le sourire ?) On trouve ainsi, au milieu de la forêt, un camp avec de l'électricité, une télévision avec vidéo, des douches avec de l'eau chaude, un service de lessive, une cuisine avec choix de plats et, parfois, de la bière. On est loin de la rivière comme baignoire, et des jeux de cartes comme distraction.

Or, ce confort a créé des soldats assistés et de cantine. Quand ils n'ont pas à leur disposition une barre de chocolat, du coca-cola ou des chips, ils sont malheureux, leur moral est au plus bas. J'ai déjà lu dans un livre militaire qu'on traite le soldat canadien de bougon lorsqu'il est privé de son confort. Du bien-être, il nous en faut, mais c'est devenu une dépendance qui enlève aux fantassins le goût de la vie de campagne. Les meilleurs souvenirs que nous gardons, ce sont pourtant ceux où il a fallu triompher de difficultés. Ne pas être couvés et tenus par la main nous donne plus de cœur et renforce notre solidarité. La recherche de la vie facile et du bien-être matériel a eu l'effet contraire à celui souhaité. Ce que, avec le temps, nous avons gagné en raffinement, nous l'avons perdu en termes de résistance et en sens de l'engagement. Je n'irai pas jusqu'à dire que, pour devenir un bon soldat, plus on souffre mieux c'est, mais l'excès d'aisance, l'embourgeoisement, nuit.

Cela coûte cher aussi. Nous sommes gâtés. C'en est parfois comique. Prenez la garde-robe. L'habit ne fait pas le moine, mais il ne faut pas non plus être habillé en archevêque pour être curé de paroisse. C'est inouï tout l'argent dépensé par les forces armées pour l'habillement des soldats. Cela fonctionne comme autant de pots-de-vin grâce auxquels on fait survivre des industries autrement condamnées. Nous avons trop de vêtements qui ne nous servent strictement à rien sinon qu'à bien paraître, une image très coûteuse et inutile. Les soldats disent souvent que nous ne sommes qu'une armée de parade. À croire que tout ce qui a l'aspect vraiment militaire est à proscrire, par exemple des vestes ou des tenues de camouflage, jugées sûrement trop agressives pour être portées dans un bureau. Peut-on croire que notre armée refuse de s'afficher comme une institution de combattants, même pour la paix ?

En nous limitant à l'armée de terre et au matériel de combat, voici l'essentiel de cette garde-robe : deux paires de bottes de combat, les plus utilisées, polyvalentes pour la garnison et les exercices ; une paire de bottes de jungle utilisées en été et, comme le nom l'indique, pour la jungle ; une paire de bottes de garnison, pour mettre avec la tenue de garnison ; deux paires de bottes des forces armées, pour mettre avec les tenues de cérémonie été et hiver ; une paire de souliers, pour la soirée ; une paire de bottes en caoutchouc pour les bottes de combat ; une paire de bottes en caoutchouc, pour les bottes des forces ; une paire de mukluks, pour l'hiver ; une paire de bottes en caoutchouc, pour les feutres de mukluks. Cela, au Canada. Si vous effectuez une mission des Nations unies, vous pouvez rajouter la série suivante : deux paires de bottes de désert, pour les pays chauds ; une paire de souliers, pour les pays chauds ; une paire de bottes de combat en goretex.

La tenue de parade pour l'hiver comprend l'uniforme vert complet, quatre chemises vertes, deux pardessus ; celle pour l'été, l'uniforme beige complet, quatre chemises beiges. Ce à quoi il faut ajouter une veste de garnison de type chasseur de canards ; deux pantalons de toile verte ; deux chemises beiges à manches courtes ; trois tenues de

71

combat ; une tenue complète pour la pluie ; un parka pour l'hiver ; une vareuse pour l'été ; une tenue de camouflage blanche.

Avec une telle garde-robe, il arrive que vous ne sachiez pas quoi mettre. Et cela ne donne qu'un léger aperçu des vêtements que nous avons dans nos armoires. On juge les militaires par leur tenue, et la plupart haïssent être pris pour des poupées et ne donner qu'une fausse image d'eux-mêmes. Nous voulons être efficaces, nous ne voulons pas être des militaires d'opérettes. Nous savons qu'un uniforme de parade nous suffit, et que la tenue de combat est la plus utile et qu'elle permet d'accomplir les mêmes tâches qu'avec un habit de garnison. Cela est valable pour un tas de choses. De l'argent mal géré, qui devrait être mis sur un équipement de combat pour les fantassins et non sur l'apparence.

D'une certaine façon, la crise actuelle de l'État-providence est une bonne chose pour les soldats, une leçon de réalisme. Nous avons vécu au-dessus de nos moyens. Pendant des années, nous avons pollué, jeté nos déchets, abandonné nos douilles... Le réveil était nécessaire. Mais fallait-il exagérer dans l'autre sens, comme on le fait maintenant ? Car, sachez-le, nous sommes devenus sensibles à l'environnement. Lors d'exercices, les hommes qui ont des véhicules sont obligés de mettre dessous un bassin pour recueillir les fuites d'huile qui pourraient polluer. Bientôt, nous ne pourrons plus faire de bruit afin de permettre aux canards de se reproduire. C'est devenu plus important que de faire la guerre. Nous voilà devenus des soldats écolos.

Être fantassin, c'est d'abord servir noblement son pays. Mais un tel sentiment a été étouffé par un engraissement social. Il ne faut pas s'étonner dès lors de l'effondrement des forces armées. Où est la voix des chefs pour dire que c'est assez, où sont leurs mains et leur support ? Le fantassin moderne a besoin qu'on lui parle, qu'on le rassure, qu'il sache l'utilité de ce qu'il fait, qu'il ait un but, et tant qu'on ne lui répondra pas il ne voudra servir aucune cause et encore moins donner sa vie pour sa patrie. Être limité à obéir à des ordres auxquels il ne croit plus mine son moral et atrophie sa compétence.

Comment croire que nous, membres des armes de combat, nous ne fassions des champs de tir qu'une ou deux fois par année pour ajuster nos armes ; que ce soit seulement lorsqu'une mission est imminente qu'on procède à la révision complète de nos dossiers sociaux et médicaux ; que l'entraînement doive alors être considérablement amplifié ; que des cours rapides doivent être donnés parce qu'on manque de personnel qualifié ; que des véhicules doivent être réparés en urgence ; que du nouveau matériel doive être distribué ? Et ce ne sont là que quelques-uns des retards qu'on doit rattraper à la dernière minute. Pour être opérationnelle et prête à se déployer en moins de vingt-quatre ou soixante-douze heures dans le monde, une unité ne devrait pas avoir besoin d'une préparation spéciale en cas d'urgence. Il n'y a aucun maintien permanent opérationnel. Les forces armées dépensent, par exemple, des sommes considérables pour la formation de leurs fantassins. Je ne connais pas de soldat au monde qui ait une instruction aussi complète. Pourtant, l'argent investi dans l'enseignement n'est pas rentabilisé. Parce que, quand vous recevez une formation dans l'infanterie, par exemple un cours de mitrailleur, vous apprenez bien sûr tout ce qui concerne les armes, pièces, tirs, fonction, etc., mais il est fort probable que vous ne touchiez plus à ces armes pendant des années. Si bien que, au moment où vous en aurez besoin, vous devrez vous recycler car on n'a pas maintenu votre formation. Cela n'est qu'un exemple, mais il illustre assez bien l'attitude générale. Pourquoi l'entraînement n'est-il pas quotidiennement axé sur l'exploitation de la compétence des soldats ?

Planifier correctement un entraînement régulier semble impossible à nos dirigeants. Pour excuser ce manque d'organisation, on allègue que l'infanterie doit fournir du personnel pour plusieurs tâches en même temps qui n'ont pas de rapport avec l'entraînement interne, former par exemple l'armée de réserve et les cadets. Mais l'excuse est de toute évidence mauvaise : l'entraînement de la milice se fait en deux mois, il en reste donc dix pour s'occuper des effectifs présents. L'infanterie donne des cours à longueur d'année et détache régulièrement des membres de son personnel pour l'enseignement, mais cela ne devrait en aucun cas perturber le déroulement normal du travail des hommes. Il reste, ou il devrait toujours rester les chefs nécessaires pour assurer la continuité de l'entraînement.

Les pertes de temps sont énormes. On ne croirait pas que l'on passe plus de temps à chercher les gens et à les réunir pour contrôler leur présence qu'à les faire travailler. Juste pour donner une idée du cirque quotidien des présences que nous vivions, voici l'exemple d'une journée au régiment aéroporté (à quelques différences près d'horaire et de programme, la situation est similaire dans un bataillon mécanisé) : première séance de présences du peloton à six heures trente, une deuxième du régiment à sept heures, une autre à neuf heures trente, puis à treize heures et encore à seize. Et cela ne concerne que les réguliers, mais il peut toujours y avoir des réunions imprévues, et cela arrive souvent. Et si on vous envoie quelque part pour effectuer un travail ou suivre un cours, de nouveau on vérifie si on n'a pas perdu quelqu'un en chemin. J'ai déjà même dû signer. Tout cela atteste un manque de confiance dans ses soldats. Qu'on prenne les présences le matin, c'est normal, tout employeur se doit de vérifier ses effectifs, mais de là à courir toute la journée pour voir où sont ses employés, je me poserais de solides questions sur ma propre organisation.

Le métier de fantassin n'est pas un travail fixe dans un lieu précis et les journées en garnison ne sont pas particulièrement planifiées, exception faite des cours d'unité, de la préparation d'exercice et de mission. Sinon, c'est l'improvisation constante, l'organisation de dernière minute. Quand on arrive à savoir une journée à l'avance ce qui se passe, on est heureux. Et encore, de nombreux changements auront lieu durant la nuit. Nous attendons parfois des heures pour entendre une décision que nous connaissons déjà. Dans certains bataillons, on réserve des soldats pour un travail, mais il n'est jamais sûr qu'on viendra les chercher pour le faire. Et quand le travail se présente, c'est la routine du nettoyage. Frotter et refrotter les armes, c'est le passe-temps favori que nous impose une tête sans imagination.

Quand il y a une urgence, un coup de pied dans la fourmilière tranquille, il faut voir les chefs sortir de leur terrier pour montrer qu'ils existent. C'est alors les tensions inutiles, les cris, et les conséquences de l'incapacité organisationnelle.

Au lieu de perdre notre temps à longueur de journée comme on nous le fait faire maintenant, il vaudrait mieux le mettre à profit pour nous entraîner. Si nous avions l'habitude d'être en ordre en tout temps, l'ambiance et le moral de la troupe seraient au plus haut. Il y en a certains qui laissent entendre que maintenir une force opérationnelle permanente serait plus stressant pour les soldats. Bien au contraire, cela leur permettrait d'être toujours prêts, comme les soldats doivent l'être. Nous devons changer notre manière de voir les choses, penser comme des militaires structurés et disciplinés. On est loin de ces valeurs fondamentales dans notre fonctionnement, il faut cesser de trop penser comme des civils et en revenir aux principes qui doivent guider l'armée.

En vérité, nous sommes un pays sans défense. Depuis le démantèlement du régiment aéroporté, le Canada ne dispose plus d'une force d'intervention rapide et s'il arrivait quoi que ce soit, on serait incapable de fournir du soutien pour la défense du pays. Bien sûr, ce n'est pas ce danger qui nous menace particulièrement. Les situations problématiques se produisent plutôt à l'étranger, comme lors de la prise d'otages de casques bleus en ex-Yougoslavie, qui aurait pu nécessiter une intervention rapide. Hélas, nous aurions été incapables de fournir qui que ce soit pour sauver nos propres soldats. Du point de vue militaire — sous l'angle politique, c'est autre chose —, aucun bataillon d'infanterie mécanisé au Canada ne pourrait être prêt au combat ou pour partir en opération en moins de deux à six semaines au pays et, pour l'étranger, en moins de trois ou quatre mois. La raison en est simple : l'armée canadienne est lente par sa structure bureaucratique et son organisation. Par des exemples concrets qui sont vécus par la troupe, je peux démontrer à n'importe quel général que ce ne sont pas les hommes qui ne sont pas prêts mais eux. Tout le problème réside dans l'organisation de la base. On peut lire dans des rapports de haut lieu qu'il y a effectivement un sérieux problème, mais on attend encore les décisions. C'est bien de le savoir et de faire de beaux discours, mais le Canada reste sans défense avec des soldats insatisfaits.

La seule unité canadienne vraiment opérationnelle était stationnée en Allemagne. Elle avait la capacité de se déployer rapidement en moins de quatre heures, avec véhicules et six cents hommes. Les unités d'infanterie mécanisées canadiennes vivaient avec la population, l'entraînement se faisait à la manière européenne. Là, l'expérience de deux guerres mondiales a permis de mettre au point des tactiques de guerre urbaines. La fermeture de cette base militaire en 1993 est, à mon sens, une grande erreur que le gouvernement a faite en matière de défense. On dira qu'à l'époque le budget permettait de maintenir l'équipement en ordre ; je crois plutôt que le Canada ne pouvait pas se permettre face à l'OTAN de ne pas être à la hauteur. Au pays, on n'est pas capable d'offrir ce service à la population, mais on le faisait pour des étrangers. Comme citoyen, je serais inquiet. Le Canada compte trop sur son allié américain en cas de graves problèmes internes. Une relation hypocrite pour économiser de l'argent. Je serais honteux comme politicien de me savoir dépendant d'un autre pays pour assurer la propre sauvegarde de mon pays. Est-ce que le gouvernement veut d'une armée au pays pour marquer son indépendance ou pour faire tourner l'économie, est-ce une cause pour laquelle le système militaire s'enlise dans l'inutile pour faire vivre des intérêts purement financiers et non pour répondre à un vrai sens humain ? Le soldat se demande pourquoi il doit tant se sacrifier pour servir une cause qui n'est pas la sienne, qui ne lui apporte rien que le doute. Il ne faut pas s'étonner que la paie (et non la paix !) soit devenue sa seule motivation.

Si le Canada projette depuis longtemps d'avoir une force permanente de maintien de la paix avec pour rôle l'intervention rapide, il a fait un mauvais choix en l'instaurant sur son territoire. Question géographie et déploiement rapide, il ne faut pas s'appeler Nostradamus pour prédire que les futurs conflits se dérouleront en Afrique et dans le territoire de l'ex-URSS. La guerre dans les bois, au pays, est chose du passé depuis qu'on ne court plus après les Indiens. Pourtant, nous, nous continuons cent ans plus tard à lutter contre les moustiques et le froid dans des terrains complètement différents de ceux auxquels nous devons faire face dans la réalité. Nous le savons grâce aux nombreuses missions des Nations unies auxquelles nous avons participé, presque tous les conflits se déroulent dans des pays à forte densité de population, dans des villes, sous des climats tempérés ou chauds. Mais nous ne profitons pas de notre expérience. Nous devrions être à l'avant-garde, mais nous traînons la patte avec nos manières conservatrices. Le Canada n'est pas un pays belliqueux, on préfère le dialogue à la force, ce qui est noble et admirable. Mais une telle attitude n'arrête pas les balles et plonge les soldats dans un état profond de frustration.

Le plus souvent, c'est pour nous une énorme satisfaction que de nous rendre dans un pays étranger. Nous avons alors la chance d'apprendre d'autres techniques militaires et en général on en retire plus que si c'était fait au Canada par notre propre commandement (« le manuel dit que... »). Ici l'infanterie n'utilise que les ressources que le système lui donne. Nous avons beau disposer de tout l'espace que nous voulons, des terrains d'entraînement qui couvrent la superficie entière de certains pays européens, des forêts, des lacs, des éléments que nous maîtrisons depuis des années en toute saison, nous sommes incapables d'avoir des contacts avec la population pour lui demander à boire ou à se réchauffer.

Mais l'ambiguïté de l'armée canadienne est plus fondamentale. Le pays souhaite disposer d'une force armée pour la paix, mais il prépare ses soldats à la guerre ; et comme si cela ne suffisait pas, la guerre qu'on enseigne est à mille lieues de celle qu'on rencontre sur le terrain.

En principe, l'instruction du fantassin est simple : tuer son ennemi. Mais est-ce que cela correspond à la réalité à laquelle fait face notre pays ? La réalité, c'est qu'on nous prépare à une guerre qui n'aura pas lieu, on nourrit notre imaginaire de situations qui ne correspondent pas du tout à ce que nous vivons en mission. Si on ne dit nulle part que son rôle n'est pas que de tuer l'ennemi, le jeune fantassin ne le saura pas. On nous apprend à faire la guerre, alors qu'on veut jouer un rôle pour la paix. Détruire son ennemi est l'essentiel de l'instruction de base, un conditionnement, mais on ne dit pas que le Canada ne s'engagera dans aucun conflit. Et lorsque des situations de guerre se présentent dans des missions de maintien de la paix, le soldat ne sait pas comment agir. On nous apprend la guerre et on nous fait improviser la paix. On se retrouve dans des situations où on est incapable de prendre une décision, incertain de pouvoir compter sur nos supérieurs. Il y a une ambiguïté désespérante dans notre enseignement. Et ce n'est pas uniquement dans notre fonctionnement qu'il faut changer les choses, mais également dans notre mentalité.

Cela dit, il ne faut pas se cacher derrière de belles pensées et jouer aux vierges offensées. Nous ne devons pas oublier qu'il faudra tuer des hommes pour en sauver d'autres. Cela, c'est une loi militaire incontournable. Aussi, il faudrait qu'on cesse de se faire un cas de conscience dès qu'il y a des victimes sur un champ de bataille. À cet égard, le Canada a un rapport à la violence qui frise l'inconscience et la naïveté. Cela se manifeste de plusieurs façons. Depuis, par exemple, l'affaire du caporal Lortie, qui avait assassiné trois personnes dans le parlement de Québec, l'armée a renforcé ses règles de sécurité. Mais fallait-il que cet acte excessif isolé conduise à l'excès inverse ? Car, paradoxalement, on a remarqué ces dernières années une augmentation de décès causés par des décharges accidentelles. La confiance entre le soldat et son arme a été remplacée par la peur, et non par une prise de conscience comme on croyait le faire. Si bien que cette peur est devenue l'angoisse de faire une erreur.

L'image des forces armées canadiennes est plus importante que ses problèmes internes. Je suis porté à croire que si l'État veut certes éviter qu'un de ses soldats se fasse tuer à l'étranger, il lui importe bien davantage que ce soldat n'ait tué ou blessé personne avant de mourir. Traités comme des fonctionnaires quelconques et non comme des membres d'une institution guerrière, les militaires doivent se plier à un pouvoir qui ne veut pas se salir les mains, ou faire d'omelette sans casser des œufs. L'erreur sur le plan de la gestion est que ce sont des militaires gratte-papier à haut statut et beau salaire qui dirigent un semblant d'armée qui se retrouvera un jour avec un syndicat si les décisions ne sont pas plus militarisées. Actuellement, le vrai pouvoir n'est pas dans les mains de ceux qui devraient diriger vraiment. On retrouve des antimilitaristes au sein même de l'armée.

Que l'on garde la mentalité de veiller sur la paix dans le monde, oui, mais il ne faut pas oublier que porter un casque bleu n'arrête pas les balles. Le pouvoir de ce dernier est symbolique.

Son efficacité réelle est beaucoup moins sûre. Et puis, on ne peut rester neutre devant la violence peu importe le camp. Des actes de lâcheté ont été commis en ex-Yougoslavie. Des soldats canadiens ont dû livrer des gens au génocide. Mais il y en a eu aussi d'autres qui ont désobéi, avec raison, en redevenant des soldats qui défendaient une cause humanitaire. Je pense ici à ce soldat qui a eu le courage d'éliminer un tireur d'élite à l'aéroport de Sarajevo.

Le Canada n'a pas connu de guerre moderne sur son territoire, son pain a toujours été assuré. Son armée est orientée vers la paix, elle est reconnue mondialement pour ses missions. Or, pour vouloir à tout prix préserver son image de neutralité, elle oblige ses soldats à être sans défense. À vouloir être un arbitre impartial, nous risquons de passer pour une bande de trouillards. Les règles de guerre qu'on nous enseigne sont le respect de la convention de Genève, ce qui est bien. Mais en même temps, il faut savoir que dans tous les conflits où on est envoyés pour assurer la paix, les règlements sont violés par nos ennemis. Le guerrier qui est en nous est bafoué car on ne joue pas à armes égales. Et les situations s'enlisent, engloutissant des sommes énormes dans des missions dont l'intérêt est financier et politique, mais pas militaire ni humain.

On croit que l'on peut changer la nature de l'armée par un acte de prestidigitation. On voudrait que les soldats soient compréhensifs, psychologues, qu'ils parlent de leurs sentiments avec leurs petits camarades. On essaie de socialiser l'infanterie et on aime jouer à l'apprenti sorcier. Poussé par une vague sociale pacifiste et égalitariste, on impose des mesures improvisées pour transformer des militaires qui n'ont pas les convictions de mère Teresa en travailleurs sociaux, alors même que leur travail exige une bonne dose d'agressivité combative, un moral à toute épreuve et une solide vie de groupe. Nous sommes pris à nous attendrir en oubliant que nous sommes des soldats.

On veut introduire une doctrine d'ouverture en espérant que l'infanterie va ouvrir son cœur et étaler ses états d'âme sur la place publique proclamant que l'on veut faire une guerre propre, entre *gentlemen*. Mais n'importe quelle guerre est la plus haïssable des inventions humaines. Nous nous disons civilisés, mais il est fondamental que celui qui deviendra fantassin professionnel sache qu'il fera œuvre de destruction. Il faut se rendre à l'évidence que pour maintenir la paix dans le monde le prix à payer est la transgression de certaines règles civilisationnelles. C'est là une violence que la société doit être capable d'admettre et que l'armée doit être en mesure d'assumer.

V

UN RÉGIMENT D'ÉLITE

Le régiment aéroporté a été démantelé en 1995. Malgré tout ce qu'on a pu lui reprocher, c'est là qu'il existait encore une armée, un bastion où on retrouvait un esprit guerrier. Mais outre les scandales qui l'ont frappé et l'opposition qu'il a, pour diverses raisons, toujours soulevée, le régiment était de toute façon condamné à disparaître ou à se renouveler après la chute du mur de Berlin. Son rôle de freiner une éventuelle attaque soviétique n'avait dès lors plus de fondement. Du reste, on aurait pu depuis plus longtemps encore se demander si le pays était vraiment menacé et si six cents hommes auraient pu arrêter la machine de guerre soviétique. Le fameux plan de défense du bouclier nord n'a jamais été mis en pratique. Nous nous entraînions pour cela dans le grand nord à peine deux semaines par année. En réalité, personne ne croyait trop à ce rôle, mal connu même au sein du régiment.

On nous entraînait pour la guerre en hiver à pied, ce qui est d'un manque évident de réalisme. Le froid est notre pire ennemi. Contrairement à ce qu'on laisse entendre, nous n'avons pas l'équipement nécessaire pour l'affronter. Les armes gèlent, les hommes connaissent la déshydratation, malgré le meilleur moral, le corps souffre. Oui, les Canadiens sont sans doute les meilleurs soldats en matière de guerre hivernale, mais quel autre pays au monde a un climat aussi rigoureux que le nôtre, et qui se battrait sur un terrain couvert de glace ? On ne pouvait pas continuer à faire la guerre à des bonshommes de neige. Quelle était dès lors l'utilité de l'aéroporté, qu'est-ce que le Canada pouvait faire avec cette unité ? Profiter de la fin de la guerre froide pour la faire disparaître ou l'orienter dans un autre sens ? On a choisi la première solution, mais sous de tout autres prétextes. Il aurait été logique pourtant de procéder à une restructuration du régiment et de lui donner un nouveau plan. Et nous étions prêts au changement. Cela ne dépendait que de la volonté politique. Sans changement, à long terme, le régiment aurait été condamné à disparaître, il n'aurait pas été possible de garder des parachutistes sans leur donner un rôle précis.

Si l'armée canadienne avait vraiment voulu se doter d'une force d'intervention rapide, elle possédait le potentiel de compétence en 1993 quand le colonel Kenward a pris le commandement du régiment. Ce n'était pas le moment de retirer son meilleur joueur du jeu, mais au contraire le temps de lui faire une passe gagnante. L'histoire me donnera raison.

Une force d'intervention rapide pour la paix, c'est une idée ambitieuse qui requiert des soldats bien entraînés avec un équipement dernier cri et des priorités de service au-dessus de toutes les autres unités. On disait que le régiment aéroporté pouvait être déployé en soixante-douze heures, mais c'était techniquement impossible. On ne nous a jamais donné les conditions nécessaires pour le faire. Car si le parachute est un moyen rapide pour intervenir, il nous faut, sur place, des véhicules légers, des hélicoptères, un soutien logistique sans faille. Or, l'aéroporté, qui devait être une force de frappe, était en fait le parent pauvre de l'infanterie. Il n'avait en propre ni véhicules ni aucun autre matériel. Faire preuve de tant de négligence à l'égard de soldats qui, malgré leurs défauts, sont considérés comme les meilleurs du pays est quand même décevant. Voilà comment on considérait l'élite militaire du Canada.

Aujourd'hui, l'argent qu'on aurait pu investir dans le sens que je viens de dire va à un groupe repris par l'armée de la GRC qui s'appelle GTF (General Task Force, Deuxième force opérationnelle interarmées), un groupe peu connu du grand public et formé pour l'antiterrorisme. Les moyens dont il dispose font rêver. Je ne mets pas en doute son efficacité, mais l'aéroporté aurait pu remplir ce rôle à moindre coût.

Mon sentiment personnel est qu'il aurait dû être détaché pour des missions à court terme, en mesure de protection, comme cela a été le cas au Rwanda. Le Canada a pourtant déjà détaché tout le régiment, six mois, pour des missions des Nations unies. Si, pendant ce temps-là, il y avait eu un problème majeur au pays ou ailleurs, qu'est-ce que l'on aurait fait ? Voilà pourquoi je pense qu'il aurait fallu doter le régiment aéroporté de trois bataillons, un qui serait resté au pays, un deuxième qui aurait pu partir à tout moment, et un troisième qui aurait été prêt pour prêter main-forte aux deux autres. Bien sûr, cette proposition va à contre-courant : alors qu'on ferme le régiment de parachutistes, moi je propose d'en créer trois. Pourtant, c'est un bon plan d'avenir. Si le Canada veut garder une force parachutiste, c'est-à-dire une force d'intervention rapide, il devra créer une unité indépendante. Cela évite-rait un tas de problèmes que l'on a connus et développerait un vrai sens de l'élitisme. Car, il ne faut pas l'oublier, le régiment aéroporté cons-tituait, en principe, l'élite des forces armées cana-diennes.

Le service dans le régiment aéroporté durait deux ou trois ans pour un officier, et trois ans et plus pour un soldat volontaire. Le régiment n'était pas une unité indépendante, ses effectifs étaient fournis par les bataillons d'infanterie mécanisés. De ce fait, il subissait les mêmes influences que ces derniers, et certains y conservaient leur esprit de bataillon. La rotation du personnel ne permettait pas toujours de maintenir une force bien entraînée, car il fallait recommencer l'instruction de base pour la relève de commandement et des soldats tous les trois ans. Il y avait une perte importante de temps et de compétence.

Quand on arrivait au régiment aéroporté en provenance d'un bataillon d'infanterie mécanisé, on croyait que, ici, les soldats étaient différents. On portait en soi beaucoup d'espoir, une énorme flamme. Or, il faut savoir que, avant 1990, on avait fait un nettoyage parmi les seigneurs du régiment, où certains chefs s'étaient construit des fiefs, une mentalité dans le respect de l'ancienneté. Très peu de ces anciens acceptaient des mutations et leur durée de service dépassait largement le temps normal. Cela avait pour conséquence de paralyser des soldats au rang de sous-officier. Je l'ai déjà dit, ce système sclérosé avait au moins la vertu de reposer sur l'ancienneté et des valeurs militaires. Il fallait bien sûr changer les choses, mais le nettoyage a créé un vide dans l'unité et permis trop rapidement à des jeunes qui n'avaient pas la maturité et l'expérience nécessaires de se retrouver à des postes de responsabilité.

Pour être parachutiste militaire, au-delà du défi que cela constitue, il fallait faire un stage de trois semaines à l'école de parachutisme d'Edmonton. Il était préférable d'être en bonne condition physique, mais avec un minimum de forme on pouvait s'en tirer. Tout le monde, sans distinction de grade, devait passer des tests d'entrée. Après avoir accompli cinq sauts en Hercule C 130, on obtenait les ailes de parachutiste avec une feuille d'érable rouge. Les forces armées offraient la possibilité à presque tous leurs membres de suivre le cours de parachutisme. (En Belgique, ce privilège n'est réservé qu'aux membres du régiment paracommando.) Donc, nous formions des parachutistes qui serviraient au sein d'unités où ils ne sauteraient plus jamais de leur carrière, à moins d'être contraints de servir dans le régiment aéroporté. Je dis bien « contraint » car, à la fin du cours, il y avait une mention qui indiquait qu'on pourrait être appelé à servir comme parachutiste au sein du régiment.

On retrouvait trois mentalités dans l'infanterie définies par le rapport au parachute : ceux qui servaient ou avaient servi dans le régiment aéroporté et qui avaient une feuille d'érable blanche ; ceux qui avaient une feuille rouge et qui ne voulaient en aucun cas se retrouver à Petawawa ; et ceux qui n'étaient nullement intéressés à devenir parachutistes. Il existait, et il existe encore, une forme de rivalité entre ceux qui étaient intéressés au parachutisme et ceux qui ne voulaient rien entendre de l'aéroporté. La tension était surtout créée par des membres de l'aéroporté qui claquaient trop leurs bretelles. Mais il est vrai aussi qu'il y avait entre les uns et les autres une différence de compétence, car le parachutiste doit en général relever un plus grand défi que celui qui reste dans l'infanterie mécanisée. Mais ce n'est bien sûr pas parce qu'on est parachutiste qu'on doit considérer les autres comme des moins que rien. Cette attitude ne faisait que nous attirer des ennemis dans toute la hiérarchie militaire. Mais indépendamment de la mentalité des parachutistes, il y aura toujours des militaires opposés à l'élitisme et au béret marron.

Pour l'essentiel, le personnel du régiment aéroporté provenait des bataillons mécanisés. Du Royal 22e régiment de Valcartier, pour ce qui est du premier commando ; du PPCL (Princess Patricia's Canadian Light Infantry) de Winnipeg et de Calgary, en ce qui concerne le deuxième commando ; et du RCR (Royal Canadian Regiment) de London d'abord puis de Petawawa et de Gagetown pour le troisième commando.

Le premier commando, symbolisé par le carcajou, regroupait à peine le quart de l'effectif, soit cent cinquante Canadiens français, qui pouvaient facilement rentrer chez eux — Montréal est à quatre heures, Québec, à six. Le groupe étant relativement petit, c'était plus facile de se connaître, il y avait moins d'abris pour se cacher. Lorsqu'on commettait une erreur, cela se savait. En se connaissant mieux, les défauts et les réputations étaient amplifiés et clairement mis en évidence.

Le deuxième commando, représenté par un diable, regroupait la moitié des soldats, tous anglophones, dont beaucoup venaient de l'Ouest et qui connaissaient par conséquent le problème de l'éloignement. Ils devaient rester souvent à Petawawa, centrant leurs activités extérieures autour de la base. C'était sans doute le plus problématique des commandos, à la fois en ce qui concerne l'agressivité et le racisme. Il y avait même là un mouvement *red neck*, dont je n'ai appris l'existence qu'après les événements de Somalie. (Chaque commando avait ses problèmes internes, peu connus à l'extérieur.) Entre les deux premiers commandos, il y avait d'ailleurs souvent des bagarres.

Le troisième commando était le plus discret. Principalement composé d'Ontariens, qui vivaient donc à proximité de chez eux, son personnel était souvent bilingue.

Le régiment comportait par ailleurs une compagnie de service dont les pelotons s'occupaient de la reconnaissance, du mortier, de l'appui, etc.

Sans entrer dans le détail de la structure du régiment aéroporté et des changements organisationnels qu'il a connus aux cours des dernières années, disons que c'était la seule vraie unité canadienne réunissant des militaires des quatre coins du pays, regroupant des mentalités différentes.

En 1992, à la suite d'une diminution de l'effectif, le fonctionnement au sein de l'aéroporté a changé. Avant, chaque commando était indépendant et avait son drapeau. Le commandant de compagnie avait le pouvoir d'un colonel de bataillon, il avait son chauffeur personnel et certains autres privilèges, et c'est lui qui planifiait l'entraînement de son commando. D'ailleurs, lors d'un changement de commandant, il y avait une parade avec un saut. Après les restructurations, le rôle d'un commandant était devenu similaire à celui de tout autre chef de compagnie avec des décisions et un pouvoir limités. Un changement de commandant ne se faisait plus avec les honneurs et toute la planification générale pour les gros exercices revenait au colonel du bataillon (nom qu'a pris alors le régiment). Ce resserrement de la liberté d'action s'est répercuté aussi sur les commandants et adjoints de peloton, qui chaque matin avaient le choix des entraînements physiques. Cela avait l'avantage de responsabiliser les chefs, même si cela créait parfois un déséquilibre, car, selon les chefs, des pelotons étaient inégaux. Mais dans l'ensemble cela ne se déroulait pas trop mal.

Les actes dégradants qu'une bande vidéo a montrés au public, et qui ont été la goutte qui a fait déborder le vase et conduit au démantèlement du régiment aéroporté, doivent être situés dans leur contexte. On a jugé la forme et non le fond. J'ai d'ailleurs connu à l'extérieur du contexe militaire des initiations plus avilissantes qui n'ont jamais été filmées. Les initiations sont une façon d'intégrer les nouveaux au groupe. Au régiment aéroporté, ce n'est pas n'importe quand que ce genre de baptême a lieu, mais à un moment bien précis, quelques semaines après l'arrivée.

Lorsqu'on arrivait au régiment, on portait déjà un béret marron. Mais mis à part le cours de parachutisme, on n'avait pas fait grand-chose pour prouver qu'on le méritait. On suivait alors un stage spécial de deux semaines appelé Airborne Instruction Course, une formation aux méthodes parachutistes. Ce programme a toujours été un sujet controversé. Les normes qui le balisaient n'ont jamais été claires. Jusqu'en 1993, elles suivaient les standards des instructeurs, et certains ont été beaucoup plus durs physiquement et moralement que d'autres. La troupe ne mâchait d'ailleurs pas ses mots et on accusait ouvertement certains d'avoir appartenu à tel ou tel groupe. En gros, on se familiarisait avec les tactiques de combat parachutiste, on suivait un conditionnement physique dur et, pour terminer, on faisait un exercice avec un saut en Hercule C 130, sorte de test pour voir si les soldats étaient moralement aptes. En cas d'échec, on devait recommencer l'année suivante ou faire le cours parallèlement aux tests de base des forces armées.

L'initiation officielle se faisait en présence de toute la compagnie après la journée de travail et après les deux semaines de l'Airborne Instruction Course. Elle commençait par la remise du certificat et d'une médaille (le cogne), suivie par un petit discours de ceux qui étaient mutés et qui devaient partir. L'initiation elle-même comportait la coupe de cheveux traditionnelle, comme à l'arrivée à l'école de recrues, une beuverie avec des exercices physiques, la tranche de pain qu'on se passe de bouche en bouche, la « bedaine chaude ».

Il n'y avait là ni violence ni torture. C'est une tradition qui peut paraître ridicule et humiliante, mais c'était le chemin à suivre pour être intégré.

En ce qui concerne maintenant la bande vidéo que les médias ont diffusée, ce n'était pas une initiation officielle. La scène a eu lieu après les heures de service et n'était sous le contrôle de personne, il n'y avait aucune remise de cogne ni départ à fêter. Bien sûr, tout le monde admet qu'il y avait des cas problèmes au sein du premier commando. On reconnaît facilement que les limites de la décence ont été dépassées. Pourtant, aucune « victime » de la séance ne s'est plainte. Du reste, cela se passait entre parachutistes et ne regardait pas le grand public. Personne n'était autorisé à vendre ni à montrer ce vidéo sauf s'il y avait eu sévices graves ou traumatismes. Cela n'a pas été le cas et ce genre de scènes ne se produisait pas tout le temps. La bonne société a crié au scandale et condamné des actes que ses propres organisations et institutions accomplissent couramment. Ce vidéo n'aurait pas eu l'impact qu'il a eu si le régiment n'avait pas connu les déboires de la Somalie.

Avant, l'intégration était axée sur le groupe. Dès leur arrivée à Petawawa, les nouveaux étaient pris en charge, toute l'administration se faisait à la course à pied. L'étalement des mutations et l'arrivée individuelle de soldats a modifié cette tradition. Avec le temps, les choses ont changé et certains ont imposé leurs lois personnelles sans avoir le potentiel ni la personnalité nécessaires. Les initiations d'hommes se sont transformées en des jeux d'étudiants turbulents, où l'alcool et le fait d'uriner sur les autres font partie de la fête, une sorte de décadence et de déchéance d'une jeunesse mal sevrée et mal contrôlée. Moi-même j'ai refusé de me prêter à une initiation individuelle, car les jeux vulgaires et insignifiants dépassent ma morale. Et puis, je n'avais plus l'âge.

Il faut de toute façon également se souvenir que le régiment se retrouvait dès le départ avec des soldats qui avaient été forcés de servir contre leur gré. Il servait en somme de poubelle aux unités d'infanterie mécanisées ; des commandants y ont même envoyé à certains moments du personnel à problème dans le seul but de s'en débarrasser. Dans ce lot, certains se sont calmés et ont évolué sainement. Mais on ne peut imaginer le climat négatif que cela crée.

Autres traits caractéristiques, le régiment offrait peu de promotions et de choix de cours, et il séparait souvent les familles lors d'exercices dans des camps éloignés.

Lorsqu'en 1993 le colonel Kenward a pris le commandement du régiment, il a interdit aux commandants peu scrupuleux d'envoyer dans son unité des soldats qui avaient des problèmes avec la justice militaire et qui n'avaient pas un dossier appréciable. Cela dit, le régiment a toujours dû composer avec des soldats honnêtes, des voyous et des chefs dont certains manquent de professionnalisme.

Outre le cours de parachutisme, d'autres facteurs attiraient les soldats au régiment aéroporté. Sa réputation, qui relevait plus de la légende et du mythe, et surtout la recherche d'une vie militaire d'action. La lassitude du bataillon mécanisé, l'insatisfaction devant le travail qu'on y proposait et le rêve de participer à des actions héroïques transformaient Petawawa en terre promise. Les récits nostalgiques d'anciens parachutistes faisaient miroiter monts et merveilles, l'image d'une famille très unie éveillait le sens de la solidarité, on se construisait une vie d'aventure permanente où on laissait beaucoup de place à l'initiative personnelle. La réalité était bien sûr tout autre.

Ceux qui croyaient que le régiment aéroporté allait répondre à toutes leurs attentes étaient déçus. Avec le titre de commando on pensait qu'on allait participer à des missions en petits groupes, qu'on placerait des explosifs sous les ponts et attaquerait tout le territoire soviétique avec sa baïonnette... Illusions ! En réalité, le mot commando ne convenait pas vraiment au régiment aéroporté. Il aurait été plus juste de parler d'infanterie parachutiste. Et lorsque l'on faisait cette triste découverte, on était déçu. L'aéroporté n'impressionnait plus.

Le travail individuel ou en petit groupe était réservé au peloton de reconnaissance avancée, les Pathfinders. Les autres travaillaient en peloton entier, voire toute la compagnie ensemble. Cela avait pour défaut de ne pas responsabiliser les hommes, d'en faire des suiveurs. On soumettait les soldats à un dur conditionnement physique, mais on ne leur donnait pas l'occasion d'agir selon leurs capacités personnelles ni, à plus forte raison, de devenir des leaders, ce qui donnait lieu à d'énormes bavures, en exercice aussi bien qu'en mission.

Évidemment, personne ne voulait remettre en question la hiérarchie, mais tout le monde aurait voulu faire un travail constructif et en équipe, qui aurait reposé sur l'appui mutuel et non sur les décisions d'un seul homme. L'attitude décevait, chacun se croyait autrement considéré. Malgré toutes ces déceptions, les soldats conservaient un sentiment de fierté même s'ils n'obtenaient pas tous la gloire. Il existait vraiment à Petawawa quelque chose que l'on ne retrouvait dans aucune autre organisation militaire des forces armées canadiennes.

Sauter d'un avion en hiver avec une charge de cinquante kilos sur le dos n'est pas donné à tout le monde. Il faisait une grande différence, ce saut. Il marque pour la vie. L'esprit des parachutistes est là, au-dessus. C'est au régiment qu'on découvrait rapidement le vrai visage des soldats. Pour cela, nul besoin de partir six mois en mission. Il n'y avait pas de pièce de théâtre à jouer, et vous ne pouviez pas prétendre être ce que vous étiez sans le montrer. Il n'y avait pas de paravent et les hypo-crites, les incompétents et les lâches étaient vite démasqués.

Cela reste pour un jeune une expérience qui lui donnera de la maturité et dont il se souviendra à son retour dans un bataillon mécanisé. Ce profil a l'air simpliste, mais il résume assez bien les différences des défis à relever dans un bataillon mécanisé et dans l'aéroporté. Cela ne veut pas dire que le fonctionnement y était meilleur, mais cela permettait de savoir sur qui on pouvait compter. Et cela ne veut pas dire non plus qu'on y était plus honnête qu'ailleurs, mais simplement qu'on touchait à la vraie vie de fantassin. Vous devez faire avec ce dont vous disposez, peu de ressources dans le fond, pour mener à bien votre mission. C'est votre corps et lui seul qui est la base de votre carrière à l'aéroporté, il n'y a personne pour transporter votre salut, vous mourrez avec lui. À cet égard, les pendules seront remises à l'heure lorsqu'on aura des vraies unités d'infanterie à pied qui ne feront pas transporter leur équipement par des véhicules. Ceux-ci sont primordiaux et nécessaires, mais on en est devenus esclaves. À l'inverse, ne pas avoir de moyen de déplacement comme c'était le cas lorsque l'aéroporté touchait le sol n'est pas davantage une solution adéquate. Nous sommes extrémistes, au Canada.

Au régiment aéroporté, le conditionnement physique était donc important. Le *power training* était un moment où vous étiez jugé et où on attachait la plus grande importance à votre présence. C'était sacré et sous aucun prétexte, sauf si vous étiez en congé, malade ou détaché pour une tâche précise, vous ne pouviez vous y soustraire. Cet exercice était le noyau, le cœur de l'aéroporté, ce qui le différenciait d'un bataillon mécanisé. La mentalité était telle que même le dernier des pourris était considéré comme un bon soldat s'il suivait le rythme du *power training*. D'autres ont connu la situation inverse : très compétents en exercice mais moins performants côté forme physique, on les a ridiculisés et on leur a souvent rappelé avec ironie et même mépris qu'ici ils étaient à l'aéroporté.

Au début des années quatre-vingt-dix, on faisait la course du matin sans équipement, en tenue sport. Le vendredi, par contre, on devait mettre nos bottes de combat et transporter un sac à dos de vingt kilos. Question tenue vestimentaire, seul le gilet régimentaire était obligatoire. Aussi, on trouvait de tout : couleurs fluo, shorts troués, chemises à carreaux faisant office de survêtement, rien qui donne une image d'élitisme ni de militaire. Cela faisait carrément négligé. En 1993, le programme a été changé : davantage de courses en bottes de combat, attirail de combat et sac à dos. On a aussi établi des critères d'exercices pour les membres du régiment, le *airborne fitness test*, qui est basé sur des normes des forces armées (redressements assis, pompes, tractions à la barre, course à pied) mais avec des standards plus élevés et trois catégories (bronze, argent et or). Pour simplement donner une idée du niveau de difficulté, sur environ cinq cents membres du régiment, il y a seulement dix médailles d'or. Une minorité ne retrouvait pas son souffle dans ce nouveau régime, mais dans l'ensemble la condition physique était maintenant largement supérieure à celle de toutes les autres unités des forces armées canadiennes. Si, auparavant, il y avait encore moyen de se soustraire à ces exercices, le colonel Kenward a rétabli l'obligation d'y être présent. La décision n'a pas plu à tout le monde, mais cela a permis de remettre en place un standard pour tous les hommes.

La tenue a aussi subi un grand changement. Il n'y a plus eu de trace de vêtements sport dits civils. Tout le monde devait porter la tenue de *power training* marron, de la tête aux pieds, avec l'effigie du régiment aéroporté.

Ce nouvel entraînement a naturellement fait augmenter les blessures. Et le régiment n'était pas le meilleur endroit pour se blesser, car il ne favorisait pas une bonne récupération et on n'y avait pas beaucoup de respect et de considération pour les blessés. Il y avait un grand défi physique dans l'aéroporté, celui qui n'était plus dans le coup devenait inutile. Aussi, la peur de se blesser était constante. Quand cela arrivait, c'était presque la déchéance.

Quand on choisit de devenir parachutiste, on a sans doute le désir d'être plus guerrier, de s'entraîner selon des tactiques de combat différentes. Pourtant, les méthodes de combat dans l'aéroporté étaient les mêmes que celles des fantassins dans un bataillon mécanisé. On ne changeait pas d'armée ni de règles en devenant parachutiste. Cependant, s'entraîner à pied intensément nécessite plus de force physique et morale que le fait d'être transporteur de troupe pour le combat. Porter le béret marron, sauter en parachute, faire plus que ce que l'on exige dans un bataillon mécanisé, les sacrifices consentis pour y arriver, tout cela fait naître un sentiment de supériorité. Se sentir supérieur donne un peu trop des ailes, vous ne pouvez plus vous contenir. Cela frappe particulièrement ces jeunes paras qui se croient au sommet, invulnérables, mais qui sont en fait des têtes folles ou enflées, comme on les appelle.

Il y a eu un important laisser-aller, on a lâché les rênes en laissant involontairement s'échapper des jeunes soldats. Ce sont eux que l'on retrouve dans les scènes d'initiation dégradantes. Ces jeunes paras se sont retrouvés trop vite comme anciens à cause de l'épuration que l'on a faite au sein des vrais anciens, de ceux qui avaient fait leurs preuves. Un statut précoce et le manque de maturité ont provoqué un bouleversement dans les valeurs établies.

Il y a eu en effet rupture avec la vieille mentalité. Si on vivait davantage les uns sur les autres avant 1990 dans les chambres de célibataires, que l'on partageait ses fins de semaine à sortir et à faire des activités ensemble, cette vie commune a disparu au profit de plus d'individualisme et a entraîné une désolidarisation des soldats. Les besoins ont changé, chacun connaissait son statut, son rôle, et on ne marchait pas sur le gazon des autres. Cette nouvelle mentalité a eu des conséquences désastreuses sur l'esprit de corps. Il y a eu une sorte d'éclatement du groupe. On a ainsi vu apparaître les *lovers*, par exemple, qui ne vivaient qu'en attendant le vendredi pour fuir le régiment et retrouver leur petite amie. (Le record du voyage Petawawa-Québec est de quatre heures trente ; normalement, il en faut six et demie. Pour certains, la route 17 a été très coûteuse, d'autres routes ont même été mortelles.)

Pourtant, en même temps, le régiment a développé des traits de caractère particuliers chez certains parachutistes passionnés, ceux qui se donnaient à fond au régiment et qui lui avait même sacrifié leur ménage. Malgré tout ce que l'unité pouvait produire de négatif, ils s'y sentaient à l'aise. Ils prenaient les événements comme ils venaient et se défonçaient, ils étaient humbles et fiers. Ils n'avaient pas besoin de prouver quoi que ce soit, ils étaient ce qu'ils étaient. Ils avaient le parachute dans le cœur et ce que l'armée n'avait pu leur donner, l'aéroporté leur avait accordé : un idéal, des valeurs, le fait de sentir qu'ils étaient des soldats et non de sombres fonctionnaires.

Petawawa était une place pour relever des défis, pour se sentir différent, pour devenir un très bon fantassin, mais surtout pour amasser un bon bagage militaire pour l'avenir, pour y trouver une forme d'investissement. Il existait chez les passionnés le sentiment qu'un jour ils monteraient en grade, qu'ils ne seraient pas désorientés dans un poste de commandement. Aussi, il ne faut pas s'étonner qu'ils aient vécu leur retour dans une unité mécanisée comme un drame ou une chute. Se faire commander par de jeunes chefs avec moins d'années de service et d'expérience est inacceptable. Mais, même si on les regardait de travers quand ils rentraient dans leur unité mère après avoir servi dans le régiment aéroporté pendant trois ans, ils savaient, en raison de leur compétence et de leur sens du devoir, qu'ils seraient respectés et craints. Ils avaient appris simplement à être des soldats.

VI

PROMESSES NON TENUES ET RETARDS : SOMALIE 1

Si le moral est la force des armées, alors le Canada est faible et vulnérable. À cet égard, les cinq dernières années ont été désastreuses. On a tenu un chien en laisse, mettant un os devant lui mais le lui retirant à la dernière minute. En 1990, on a tenu les parachutistes dans un état d'alerte presque maximum tout l'été, sans vacances, en vue d'une intervention dans la crise autochtone. Pour rien. Car le gouvernement voulait négocier et les bataillons sur place avaient la situation bien en main. En 1991, on a cru que le Canada participerait à la guerre du Golfe en envoyant l'aéroporté. Faux espoir. Plus tard, la même année, on nous a encore tenus en haleine avec une mission au Sahara occidental, l'opération Python. Sans suite, là non plus.

Cette mission au Sahara avait pour but de désarmer le front Polisario en vue d'élections libres au cours desquelles les citoyens devaient choisir entre leur indépendance et leur rattachement au Maroc. Pour nous, c'était là une aubaine qui nous aurait sortis de la routine et qui aurait donné son sens au régiment. Les critiques constantes de la part d'Ottawa auraient pu enfin prendre fin. Nous n'avons jamais été aimés dans les quartiers généraux, même si on jouissait de la protection de certains hauts gradés. L'histoire a prouvé que les antimilitaires au sein de notre propre armée ont eu raison de nous. Cette mission au Sahara a été le tournant et le commencement de la fin de l'aéroporté.

Nous avions accueilli l'annonce de l'opération avec une grande joie, nous avions fait un changement de commandement lors de la rotation de juillet. C'est le major Pommet qui a pris en charge le premier commando, et il en sera d'ailleurs le dernier commandant avant la restructuration. Tout allait donc dans le sens que nous souhaitions, la motivation était à son sommet, l'esprit de corps renaissait, enfin nous allions être utiles à quelque chose.

La préparation de la mission, l'entraînement étaient bien planifiés, l'équipement était distribué, les séances d'information claires et précises. Les conteneurs de matériel de toute sorte, du papier w.-c. jusqu'aux épices de cuisine, étaient prêts. Les véhicules, camions, jeeps, ont été peints en blanc par la logistique, un travail de vingt-quatre heures sur vingt-quatre. Nous avions priorité pour tout.

Être la première ligne signifie que si un soldat d'une unité qui ne part pas en mission a besoin d'une paire de bottes, le ravitaillement peut la lui refuser. Tous les services de la base étaient à notre disposition. Parallèlement, nous préparions nos familles au départ.

Or voilà, les délais de départ ont commencé. Personnellement, je n'ai pas eu à vivre l'attente de manière très intime puisqu'on m'avait offert sur les entrefaites de suivre un cours de sous-officier. Sauf que, lorsque je suis revenu de mon cours après douze semaines, au mois de décembre, le régiment n'était toujours pas parti. On décida alors d'accorder les congés normaux des fêtes de fin d'année de trois semaines. Ce délai me donnait la chance de faire partie de l'opération. Cela n'a pas été le cas. Au mois de février 1992, on a annoncé que la mission était annulée.

Les soldats y avaient cru. Ils ont alors sombré dans des jours noirs et c'est à ce moment-là que le régiment a connu les premières grandes remises en question, que le doute s'est installé dans les rangs. Certains attendaient avec impatience la rotation de juillet 1992 pour partir, le cœur rempli d'amertume et de regrets.

Si la mission au Sahara occidental a affecté le moral, elle a aussi fortement touché le budget d'entraînement qui nous était réservé pour l'année. Le régiment avait dû investir pour cette opération de l'argent normalement destiné à sa planification annuelle de fonctionnement. La perte a été un gouffre financier, les conteneurs avaient traîné trop longtemps avec le matériel. Il a fallu tout défaire, repeindre les véhicules en vert. Que de semaines de travail... Et puis du matériel a été volé, nous avons dû donner presque toutes nos lunettes à infrarouge à une unité qui partait en ex-Yougoslavie, nous privant de matériel essentiel pour notre entraînement. Autre conséquence, contrairement à l'habitude, il n'y a pas eu de cours de formation dans l'unité au mois de septembre, une autre perte pour l'avancement professionnel des soldats. L'humeur était à la désillusion, à la frustration, au doute, qui ne quittera jamais plus les parachutistes. Tant bien que mal, le régiment a survécu en mendiant aux Américains que l'on aille s'entraîner chez eux.

Été 1992, changement au sein du régiment aéroporté, le colonel Morneault entre en fonction. Ce fameux été fut celui des pires humiliations. Les plaintes se multipliaient de la part de paras qu'on utilisait dans les cuisines pour récurer et nettoyer les casseroles de la milice. L'élite militaire du pays servait de domestique à l'armée de réserve...

Au début de septembre 1992, le quartier général de la base de Petawawa a reçu l'annonce qu'un contingent canadien serait déployé en Somalie. Les Nations unies avaient un besoin pressant de troupes pour enrayer la famine dans ce pays dévasté par une longue guerre civile. Nous avons accueilli la nouvelle avec une certaine réserve. On nous avait déjà fait le coup du Sahara occidental.

On était sceptiques. Tant que nous ne serions pas dans l'avion et que celui-ci n'aurait pas décollé, nous ne serions pas convaincus. Mais la machine s'est mise en branle, on nous a assuré que nous allions vraiment partir, que cette mission était la nôtre. Nous avons repris le chemin de l'entraînement. Nous y avons cru.

Le départ était prévu pour le 4 octobre, il fallait faire vite : préparation du matériel, champs de tir pour ajuster nos armes, augmentation de l'entraînement, information sur le pays, mise en ordre de nos dossiers, vaccins, testament... Les cours de carrière ont été suspendus, et de nouveau on a repeint les véhicules en blanc.

Le lieu où nous devions passer six mois était Bosaso, dans le nord de la Somalie. Étonnement de notre part : il n'y avait aucun problème de famine grave là-bas, et le chef local avait ses troupes bien en main, c'est d'ailleurs avec son accord que nous nous y rendions. La situation dangereuse se trouvait dans les montagnes où des troupes islamistes faisaient de la guérilla. Notre rôle était d'escorter d'éventuels convois humanitaires dans les villages. Tout cela ressemblait à un mauvais polar. Pourquoi devions-nous aller dans un endroit qui ne présentait pas réellement de besoin et où la situation était sous contrôle du leader local ? Les vrais problèmes étaient au sud dans la capitale Mogadishu, où un contingent de casques bleus pakistanais avait d'énormes difficultés à prendre la situation en main. On avait l'impression que l'on voulait nous écarter du danger et ne pas nous laisser nous engager dans un processus d'imposition de la paix, mais plutôt dans un rôle traditionnel de maintien de la paix. Avec l'accord des belligérants, nous pouvons intervenir pour maintenir la paix ; sans leur soutien, cela devient une imposition de la paix, ce qui n'est pas du tout la même chose, car cela implique qu'on puisse utiliser la force et s'immiscer dans la cuisine intérieure du pays. La Somalie n'ayant aucun gouvernement — il avait été dissous par la guerre civile —, c'est avec l'autorisation de toutes les factions que l'intervention s'est faite, une première dans l'histoire des Nations unies.

Mais le plus important à retenir de l'opération, c'est l'intervention des Américains. Nous savions qu'ils n'avaient aucune vraie compétence dans le maintien de la paix, et le bruit courait que ce n'est que pour se débarrasser d'une dette envers les Nations unies qu'ils avaient envoyé des troupes. Naturellement, les médias ont joué un rôle important dans l'affaire en diffusant des images atroces d'enfants souffrant de la famine. Pour nous qui devions aller dans le Nord, il s'agissait d'aller faire six mois de baby-sitting. Les discussions avec ceux qui étaient allés à Chypre et ailleurs dans des missions des Nations unies nous en persuadaient.

Nos conversations ont commencé à faire état des deux semaines de vacances que nous accordaient les Nations unies, de la prime qui nous serait allouée, des projets que l'on réaliserait avec l'argent gagné. On voyait bien pourtant que c'était aussi une expérience nouvelle, que notre mission apporterait des bienfaits à la population. Sans nous considérer vraiment comme des sauveurs de l'humanité, nous prenions notre mandat au sérieux. En même temps, nous ignorions tout de l'Afrique, ce qui laissait le champ libre à tous les préjugés.

Au premier commando, par manque de confiance, des remarques désobligeantes se sont mises à circuler sur l'ingratitude de notre commandant. C'était un leader, exigeant, perfectionniste et intransigeant, remis souvent en question par ses subordonnés. Il voulait et avait le pouvoir absolu. Il jouissait d'un franc-parler exceptionnel et il avait du culot. On le surnommait le roi, et il régnait. Nous étions ses vassaux et serfs, nous lui devions obéissance. La discipline était dure et il demandait qu'on lui soit soumis. Il y avait un peu de révolte chez les hommes, mais nous avions une mission, cela aurait été difficile de nous opposer à ses idées. Nous voulions tous partir en Somalie et, par son pouvoir, il nous tenait. Tel était le major Pommet, Charles pour les intimes, Major Pom-pom pour la troupe.

Les retards ont commencé. Le départ, fixé au 4 octobre, était reporté à la fin du mois. Le scénario se répétait, nos familles, nos proches commençaient à revivre le même cauchemar. Cela a été le début d'événements incontrôlables, causés par la frustration, la déprime. Des membres du deuxième commando ont mis le feu à un véhicule civil, on a attaqué le mess avec des simulateurs d'artillerie (pièces pyrotechniques composées d'une charge de presque cent grammes de TNT et utilisées en exercice pour simuler l'artillerie ; elles peuvent vous arracher une main). Le deuxième commando avait une mauvaise réputation à cause d'éléments perturbateurs, et les problèmes n'étaient pas nouveaux. Avant 1990, il y avait déjà eu un véhicule incendié. Le major du deuxième commando à l'époque était l'actuel colonel Kenward. Sans vouloir mettre en doute sa valeur et ses compétences, on peut s'étonner que les gros ennuis de discipline n'avaient pas déjà été réglés. Je sais qu'il n'était pas populaire. Sur un mur des quartiers des célibataires du deuxième commando, il y avait des insultes à son endroit.

Lorsque les incidents se sont répétés quelques années plus tard, prendre une décision n'était pas facile pour le colonel Morneault. Il venait d'accepter le commandement du régiment, il avait hérité d'un tas de problèmes qu'on avait laissé aller sans prendre les mesures qui s'imposaient. Le régiment aéroporté a toujours été une place où l'on pouvait se permettre d'avoir un peu plus de corde. Mais il y a eu de l'abus et cela s'est dégradé. Qui avait le contrôle sur qui ?

Le colonel Morneault nous a réunis sur le terrain de parade pour nous faire part de son grand mécontentement, il était furieux. Un moment, il a menacé de ne pas emmener le deuxième commando en Somalie, mais l'entraînement a continué. Des véhicules Grizzly et Bison sont venus compléter notre instruction. (Les Grizzly sont des blindés légers à six roues, pesant onze tonnes, avec une tourelle composée d'une mitrailleuse lourde .50 et d'une mitrailleuse semi lourde GPMG de 7,62 mm. L'équipage compte un chauffeur, un cochauffeur, un mitrailleur et huit fantassins à l'arrière. Quant aux Bison, ce sont des blindés légers à huit roues sans tourelle, avec une mitrailleuse C6 de 7,62 mm, plus spacieux pour les fantassins à l'arrière. Ils sont également plus souples à conduire et avec de meilleurs amortisseurs que les Grizzly. Malheureusement nous n'en avons pas reçu beaucoup, car ils étaient utilisés par l'armée de réserve.) Bon nombre d'entre nous ont dû se recycler dans les techniques de bataillon mécanisé, il a fallu former des chauffeurs et se familiariser avec la tourelle de l'armement semi-lourd. Pour un peloton de trente-cinq hommes, il faut quatre véhicules, un pour chaque section de dix hommes, un pour le commandement.

C'est à ce moment que l'on s'est rendu compte que nous n'avions pas de véhicules et que notre existence était précaire. De plus, on nous a envoyé de la marchandise dans un état douteux de fonctionnement. Des unités mécanisées se sont débarrassées de leurs véhicules de ligne trois. Nous pouvions les réparer plus vite qu'eux et les rendre après la mission en bon état de marche. Nous avons conclu au manque de professionnalisme de nos expéditeurs.

L'entraînement avec les véhicules a consisté à élaborer des techniques susceptibles d'être appliquées en Somalie. Car, en réalité, les dirigeants ne savaient pas plus que nous ce qui nous attendait. À un moment, nous nous sommes retrouvés à dix, entassés comme des sardines, avec notre équipement personnel, dans la boîte arrière du Grizzly. On se demandait, en faisant allusion aux Bison, pourquoi l'armée de réserve disposait de meilleur matériel que nous.

Les plans tactiques conçus pour faire un centre de distribution de nourriture étaient de toute beauté. Le mouvement et la mise en place de la séquence se déroulaient comme ceci : imaginez un terrain de soccer, quatre véhicules Grizzly, un dans chaque coin, le nez vers l'extérieur, et du personnel autour, prêt à toute éventualité — en jargon militaire, on faisait de la protection avancée. Ensuite, simulant l'aide humanitaire, les camions protégés par d'autres véhicules militaires se plaçaient au centre dans un second rectangle qui était immédiatement entouré d'une clôture de fil barbelé, avec une garde intérieure et extérieure. Une allée était prévue pour filtrer les victimes de la famine et distribuer la nourriture. Cet exercice était rapide, sécuritaire... mais n'a jamais été mis en pratique en mission. On n'a pas pu faire la preuve de son efficacité. C'était un scénario parmi d'autres. Pourquoi pas ? Le plan a même fait l'objet d'une démonstration devant un général japonais en visite à Petawawa. La démonstration fut très bonne.

Les médias ont commencé à s'intéresser à notre départ. Le mécontentement des soldats ne s'est malheureusement pas rendu jusqu'à eux. On nous a d'ailleurs recommandé de faire le moins de commentaires possible. Certains porte-parole ont dit des absurdités, par exemple qu'on allait attaquer la Somalie et non nous y rendre pour des motifs humanitaires. Un jour, nous avons lu, en première page du *Journal de Montréal*, « Notre commando en Somalie », qui annonçait un article très guerrier à la limite de la vantardise. Ce qui a provoqué les plus vives moqueries. Nous avons été surpris d'apprendre que l'on pouvait tuer un homme en trois secondes. L'article portait sur notre officier Rambo, le capitaine Rainville, dont le nom est devenu familier après les événements de Somalie.

Mais qui est, pour nous soldats, le capitaine Rainville ? Un Don Quichotte ou un vrai militaire ? Ceux qui ont travaillé avec lui savent que c'est un professionnel, mais qui va à contre-courant du profil que l'armée canadienne voudrait se donner. Et il est vrai que le capitaine est l'exemple même du militaire qui souffre d'une déformation du kaki. L'attaque musclée qu'il a menée à la salle de garde de la citadelle de Québec, pour prouver que la voûte n'était pas bien protégée et qu'il y avait moyen de s'emparer des armes, a effectivement prouvé le manque de sécurité de celle-ci. Le geste était audacieux.

Mon intention n'est pas ici de juger le capitaine Rainville, mais de poser à travers son exemple la question de savoir quel type d'armée nous voulons. Son attitude dérange car elle touche à l'image, à l'identité de l'armée. À mon sens, c'est un type d'officier qui serait tout à fait à sa place dans mon ancienne unité paracommando en Belgique. Il prend des décisions, montre ses capacités, assume et fait face. Il a en revanche le défaut de trop se montrer, et parfois son audace peut se révéler dangereuse. Il est à un extrême de l'éventail militaire.

Pour en revenir à la mission somalienne, le cauchemar du manque d'information a commencé. C'est par la télévision que nous apprenions en même temps que le grand public l'évolution des choses. Les résumés que nous recevions avaient le même contenu que les nouvelles des médias la veille, mais en moins élaboré. Des familles qui l'avaient lu dans les journaux téléphonaient aux soldats pour leur annoncer leur départ. Les premiers concernés n'étaient même pas au courant. Tout cela manquait de sérieux.

Les médias disaient que plus de mille personnes mouraient quotidiennement de faim en Somalie. Selon un calcul rapide, depuis l'annonce de notre départ (début septembre) jusqu'à la date réelle de notre mise en fonction en Somalie (fin décembre), il y aurait eu cent vingt mille morts. Même en admettant qu'il n'y en aurait eu que vingt mille, c'était déjà horrible. La réflexion qui nous est venue à l'esprit est que, si nous avions été prêts dès le début, nous aurions pu sauver des vies humaines. Bien entendu, le départ ne dépendait pas uniquement de nous, mais de ce que bien souvent les militaires haïssent, la politique. Mais là, il ne faut s'étonner de rien : quand on laisse cinq cent mille personnes mourir dans un génocide au Rwanda sans bouger le petit doigt, qu'est-ce que cela représente cent vingt mille Somaliens ?

À la mi-novembre, nous avons eu nos deux semaines de congé d'embarquement — procédure normale — avant de partir. Pour nos familles, cela devenait terrible, nous ne pouvions rien faire pour les rassurer. La Somalie commençait à être une plaisanterie de mauvais goût. La tension du départ, de nature positive, a cédé la place à une forme d'indifférence. L'intérêt pour la Somalie n'avait plus la fraîcheur de nos espoirs.

Nous n'étions pas à la fin de nos surprises : premier coup de théâtre, un jour, le colonel Morneault nous a réunis rapidement à la surprise générale pour nous annoncer que nous n'étions pas prêts et que de toute façon il n'était plus notre chef. On lui avait retiré le commandement. La scène était émouvante, on pouvait lire dans ses yeux un profond désarroi. Nous n'avons pas eu d'autres explications. Plus tard, nous avons appris qu'il avait eu une altercation avec le général Beno, commandant de la base, au sujet du deuxième commando, qu'il ne voulait pas emmener en mission, et au sujet de la manière que l'opération se préparait.

Lors de sa prise de commandement du régiment aéroporté, le colonel Morneault avait dit : « Je serai exigeant pour moi-même, et je le serai pour mes officiers aussi. » C'est un homme juste, qui sait se tenir droit. Il a su assumer ses responsabilités jusqu'au bout, mais il n'a malheureusement pas reçu tout l'appui et le soutien de ses officiers. Il a aussi été malchanceux d'avoir hérité un régiment qui présentait des défaillances disciplinaires qu'on aurait dû corriger bien avant. Lorsqu'il a décidé de ne pas emmener le deuxième commando, il s'est heurté à ceux qui n'avaient pas fait leur travail.

La suite des événements lui a donné raison, mais on n'a pas voulu l'écouter. C'est plus facile de limoger quelqu'un que de reconnaître qu'il y a un problème. Pourtant, des situations auraient pu être évitées et un garçon de seize ans serait peut-être encore en vie. Il n'y a aucun doute dans l'esprit des parachutistes que le colonel Morneault avait raison. C'était un chef, abordable et ouvert. De voir notre grand patron se faire jeter dehors a semé encore plus le doute parmi nous.

Et le chantage a commencé : si nous n'étions pas sages, nous n'irions pas en Somalie. Au premier commando, la menace fut mise à exécution.

Le major Pommet était conscient du grave problème de drogue qui existait au sein de la troupe et il a annulé la mission pour deux soldats. Mais bien entendu tout n'était pas résolu.

Le colonel Morneault fut remplacé par le colonel Mathieu. Aux uns, celui-ci apparaissait comme un homme sans trop de classe, pour les autres, il représentait un mode de commandement plus flexible que son prédécesseur. Tout s'est déroulé tellement vite que l'on ne savait pas exactement qui il était. De toute façon, tous les experts vous diront que l'on ne change pas un chef la veille d'une opération.

Deuxième coup de théâtre : comme l'ex-Yougoslavie devenait prioritaire avant nous, nous avons dû céder des conteneurs et du matériel.

Troisième coup : discussion de gros sous entre le Canada et les Nations unies pour savoir qui allait payer les bateaux pour le transport du matériel. Si nous, nous étions prêts, la logistique ne l'était pas.

Quatrième coup : les Américains ont commencé sérieusement à s'intéresser à la Somalie, et ils nous damaient le pion. Nous nous demandions ce que nos politiciens foutaient.

Le coup de grâce : les Américains ont débarqué avant Noël sur les plages de Mogadishu ; une petite partie de notre groupe, pour la préparation, était sur place depuis le 15 décembre. Le show ! Des journalistes partout. Il ne manquait plus que John Wayne pour que le succès soit total !

Cela démontre que ce n'était plus que pour se donner bonne conscience que l'Amérique aidait l'Afrique.

VII

LA VIE TRANQUILLE D'UNE ARMÉE EN CAMPAGNE : SOMALIE 2

Le départ du gros de la troupe a commencé le 20 décembre 1992 et s'est étalé jusqu'au 3 janvier 1993. Plus tard, nous avons appris que, sur le bateau qui transportait notre matériel vers l'Afrique, un soldat soûl avait menacé le capitaine avec un couteau. Nous n'avons jamais su le fond de l'histoire ni à quel commando le présumé agresseur appartenait.

C'est sous la neige, à une température de trois degrés sous zéro, bottes de désert aux pieds, que nous avons quitté Petawawa pour Trenton. Dans l'avion, l'atmosphère était à la détente malgré le peu de confort du vol. Pas de films, pas de boissons alcoolisées ni de cigarettes. L'imagination travaille, on rêve d'action, on espère que le temps passera vite. Le présent, le passé, le futur se brouillent dans la tête, le sommeil est difficile à trouver.

Quand nous avons amorcé la descente sur Mogadishu, après un périple de dix-huit heures, avec une escale en Irlande et une autre en Crète, nous collions nos regards aux hublots. Le spectacle de ce rendez-vous militaire international était impressionnant. On était devant l'élite mondiale : *marines* américains, légionnaires français, parachutistes italiens, paracommandos belges, pakistanais, nigériens, australiens, plus d'une quinzaine de nationalités allaient se côtoyer en Somalie. Ce n'était pas une mission de routine, mais une nouvelle orientation des Nations unies. On ne réunit pas un tel potentiel guerrier si le but poursuivi est uniquement humanitaire.

Nous sommes arrivés avec nos couleurs régimentaires, portant le béret marron et non le béret bleu des Nations unies. Nous étions une force militaire qui suivait la convention de Genève. En cas de problème, nous pourrions par conséquent utiliser la force nécessaire — mais pas davantage. Par exemple, si un convoi de nourriture était bloqué par un barrage routier, les négociations ne seraient pas interminables comme cela a été le cas en ex-Yougoslavie. Cela nous donnait un plus grand pouvoir, sans pour autant nous autoriser à outrepasser certaines limites. Cette question de l'utilisation des armes avait d'ailleurs soulevé au pays une vive polémique avant notre départ. Pour moi, c'est là une illustration de l'idée abstraite qu'on se fait de l'armée. Car, d'une part, avoir le droit de se défendre est normal — et la Somalie était ravagée par la guerre —, et d'autre part, nous ne pouvons pas rester indifférents à la misère des gens.

Il importe de rappeler, par ailleurs, que nous étions sous commandement américain. Or, la vision américaine de la paix n'est pas celle du Canada, et nous allions être pris entre deux façons différentes de diriger l'opération. La guerre du Golfe était finie, des élections présidentielles venaient d'avoir lieu aux États-Unis, des élections fédérales se préparaient au Canada. Pour indirect qu'il soit, le poids de la politique n'en était pas moins lourd, et il se faisait sentir sur nous aussi, simples pions sur un grand jeu d'échecs.

L'avion stabilisé sur la piste, nous sommes entrés nous aussi dans cette immense fourmilière militaire. Premier choc : la température dépassait maintenant les quarante-cinq degrés. Nos vêtements étaient trempés. Nous avons récupéré nos affaires et nous nous sommes dirigés vers des tentes modulaires. Des ouvriers somaliens reconstruisaient un hangar, des Migs soviétiques, plusieurs pièces en moins, étaient entassés comme dans une cour de ferrailleur, le pont aérien était énorme.

Assis sous les tentes, nous attendions qu'on nous apporte les munitions pour nos armes. Mais voilà, la logistique avait connu des ratés : pas de munitions de C7 dans l'immédiat. Nous avons dû défaire des bandes de balles des mitrailleuses C9, heureusement de même calibre. Plus dramatique :

les culasses des armes d'un peloton étaient restées au Canada. On ne les a récupérées que quelques jours plus tard. Cela peut sembler un inoffensif contretemps, mais il ne faut pas oublier que, pour une armée sur le terrain, ce genre d'erreur peut être catastrophique. En somme, nous n'étions pas rassurés.

Nous attendions un avion Hercule qui devait nous conduire à Belet Huen. Ce n'était pas notre destination première, mais les plans avaient été changés par les Américains qui nous avaient attribué un nouveau secteur. L'air conditionné du C 130 nous a rafraîchis durant le vol de quarante-cinq minutes. Nous étions serrés les uns contre les autres avec tout notre équipement sur le dos, veste antiéclats, attirail de combat, casque d'acier, armes prêtes.

Le trajet semblait long. Nous ne parlions pas. L'aéroport avait été sécurisé par les Américains, mais le sentiment de danger ne nous quittait pas. Pourtant, quand l'avion s'est immobilisé, des centaines de Somaliens se sont entassés le long de la piste. Nous étions une attraction. L'ambiance générale était à la détente : des soldats, torse nu, se faisaient bronzer, nulle trace de danger, nous nous sommes cru dans un cirque.

Le camp ne disposait que de trois camions pour quatre cents hommes. Nous avons parcouru deux kilomètres en peloton pour nous installer au milieu d'une plaine désertique. Les autres pelotons étaient établis à un kilomètre et demi sur les flancs. Pas un arbre pour accrocher nos toiles. Pour faire un abri de fortune, on nous a apporté des piquets métalliques. Nous avions aussi une tente canadienne pour trois hommes, mais l'on a vite abandonné l'idée de l'utiliser, la chaleur à l'intérieur était insupportable. Pour dormir, on était mieux sous nos abris de fortune. Un vent constant balayait une poussière de sable qui s'introduisait partout. Après quelque temps, nos vêtements sont devenus brunâtres. Mais le vent permettait en même temps de mieux supporter la chaleur. Et c'est ainsi que nous avons commencé la routine de la vie de campagne.

Nous devions rester dans ce désert une dizaine de jours en attendant que le grand camp soit installé sur notre emplacement définitif. Le moral était bon, malgré les conditions de vie difficiles. Les premiers jours étaient consacrés à l'acclimatation. Mais l'organisme s'habitue vite. L'horaire de travail s'établissait comme suit : à cinq heures, réveil. Nous allions tous dans nos tranchées observer, mais il n'y avait rien à voir. À cinq heures quarante-cinq, déjeuner. Le soleil commençait à se lever, la température était agréable accompagnée d'une légère fraîcheur. Entre dix et quinze heures, sieste. Dès quinze heures, une section quittait le camp vers le village, vers un autre monde. Le contact que nous avons eu avec la population locale au cours des jours d'acclimatation s'est résumé à regarder des paysans passer avec un gros bidon métallique rempli d'eau sur une charrette tirée par un âne. Quelques enfants offraient de l'argent somalien contre les bouteilles de plastique vides.

Dans les heures creuses, nous jouions aux échecs, certains étaient plongés dans la correspondance, d'autres dans les discussions habituelles. Le travail intéressant a commencé lorsque nous avons pu patrouiller la ville.

Paradoxalement, la Somalie, qui a été, avec l'Éthiopie, un bassin de haute civilisation, offre dès le premier coup d'œil un désolant spectacle. La vie a l'allure d'une grande étable vivante, où êtres humains et animaux partagent un espace commun. La chaleur encore plus dense du village faisait ressentir une odeur plus forte d'excréments. Les rues ressemblaient à une toilette publique, l'hygiène n'existait pas, tout était rudimentaire. Ânes, chèvres et dromadaires faisaient partie du décor, l'abattoir public était une plaine où les marabouts attendaient d'achever les carcasses dépecées.

En même temps, nous n'avons vu aucun enfant squelettique ou affamé comme en montre la télévision, mais simplement toujours une ribambelle de ces jeunes qui nous suivaient joyeusement le jour dans tous nos déplacements.

La partie dans laquelle nous patrouillions n'était qu'un gros hameau, séparé de la ville par une rivière à l'eau brunâtre d'une trentaine de mètres de large, qui servait de baignoire publique et d'égout. Le centre-ville comptait quand même des constructions en béton et en pierre, la vie y était plus animée : commerces, restaurants, cinémas, terrasses, trafic de camions, un vrai souk avec ses couleurs locales, mais pas pour autant plus propre. Jour et nuit, nous avons sillonné notre secteur par des chemins étroits entres les huttes et certains murs de bâtiments détruits ou inachevés par la fin du colonialisme italien et l'instauration de la dictature.

Nous avions toujours nos armes prêtes, sans balle dans la chambre, cependant, pour éviter les accidents. Il faut moins de deux secondes pour armer son fusil, et moins d'une demi-seconde pour retirer le cran de sécurité si la balle est dans la chambre. Cela laisse au soldat un temps de réflexion pour éviter l'excès. L'inconvénient est que, dans le danger, comme chaque seconde compte, ce bref délai peut être fatal. Au début, nous n'étions pas très rassurés par une telle consigne, qui venait du major Pommet. Certains ont gardé leur arme chargée.

Une nuit, un coup de feu est venu troubler une de nos patrouilles. Nous avons aussitôt chargé nos armes en nous couchant à terre. L'incident était banal, mais il aurait pu tourner au drame. Si nous n'avons pas riposté au coup de feu, c'est peut-être justement grâce au délai des deux secondes. C'est alors qu'on s'est rendu compte que les autres commandos avaient une balle dans la chambre. Pourquoi cette différence ? Pour préserver l'image du premier commando ? Nous ne l'avons pas su, mais la tension et le degré d'alerte nous ont montré à quel point la communication était mauvaise dans le personnel régimentaire. Nous risquions de nous faire tirer dessus par une patrouille canadienne plus que par les Somaliens. Il n'y avait de toute façon que très peu de violence en ville. Pas de combat, mais une vie normale africaine. Nous savions pourtant qu'on aurait pu se faire tirer dessus à tout moment ou sauter sur une mine. Au fil des jours, nous avons relâché notre vigilance.

Un soir, nous nous sommes rendu compte que nous étions assis dans un cimetière. Les Somaliens ne creusent le sol que d'une trentaine de centimètres, puis ils recouvrent le corps d'un tas de pierres. Nous avons partagé ce soir-là l'odeur des cadavres en décomposition, le bruit du tam-tam, des chants. De certaines huttes on entendait des slogans incompréhensibles et de la musique arabe que crachaient la radio. Nous étions entrés dans l'intimité de la vie somalienne, nous surprenions les gens dans leurs moindres gestes lorsqu'ils sortaient de chez eux au petit matin pour leurs besoins naturels.

Nous étions considérés par la population comme des envahisseurs. Mais à vrai dire nous n'avons pas vu de geste hostile à notre égard, juste de l'indifférence. Nous étions des soldats, et la Somalie a connu sa part de guerre.

Une de ces premières nuits, une forte explosion s'est produite à trois kilomètres de notre bivouac. Cela ressemblait à un tir de mortier, nous avons cru qu'on nous attaquait. Mais c'étaient nos ingénieurs qui détruisaient des munitions saisies aux Somaliens. Au fil des patrouilles, on découvrait parfois des roquettes de mortier non explosé en pleine rue, des enfants jouaient avec ces engins, inconscients du danger. Nous restions là, en faisant une zone de sécurité, pour que les ingénieurs viennent s'en occuper et les fassent exploser.

Le 3 janvier au matin, nous avons défait notre bivouac pour nous rendre huit kilomètres plus loin à notre emplacement définitif ; le commando au complet allait se retrouver ensemble. Faute de véhicules, nous avons effectué cette marche lourdement chargés. Le chemin semblait interminable. Pour la première fois, nous traversions la ville au complet. La route asphaltée était trouée comme un fromage. Nous avons parcouru le marché local où des tas de petites échoppes vendaient des cigarettes, de la poudre à lessiver, des bricoles. Une brouette remplie de viande venait de l'abattoir. Nous étions en plein souk. Nos bottes étaient souillée d'excréments, nous transpirions plus que normalement. Nos sacs à dos étaient tellement lourds que l'armature métallique nous mangeait la chair du bas du dos.

Après avoir traversé la ville, nous avons parcouru encore quatre kilomètres. Nous sommes passés devant ce qui allait être l'emplacement du deuxième commando, de la logistique et des ingénieurs. Le nouveau camp du premier commando serait situé dans une autre plaine. Plus loin, sur cette route qui reliait Belet Huen à Mogadishu, il y avait le troisième commando, ensuite le quartier général. Tout le contingent canadien était réuni sur quatre kilomètres. Nous avons monté une fois encore nos abris de fortune en attendant les tentes modulaires. Nous étions toujours sans véhicules. Ils devaient être bientôt à la capitale, nous a-t-on dit. Le matériel arrivait au compte-gouttes. Lorsque finalement on a reçu les tentes, il leur manquait les portes, et nous dormions toujours à terre sur nos matelas thermarest. La poussière continuait à manger nos affaires.

En ce qui concerne l'eau, nous en étions à neuf bouteilles par jour par personne. Les premières dysenteries sont apparues. Les Somaliens nous observaient constamment, même dans les moments les plus intimes. Cela avait pour effet d'en énerver certains qui ont lancé des pierres aux enfants. Pareils comportements sont un petit exemple de l'incompréhension et du manque d'ouverture d'esprit et de maturité dont nous allions souffrir.

Des soldats sont partis à Mogadishu pour aller chercher les véhicules. En attendant, nous avons dû louer un *pick-up* aux Somaliens, qui est vite devenu le cheval blanc de notre major. Nous l'avons baptisé la Pommet mobile. C'était le monde à l'envers. On en a éprouvé une certaine honte.

En ville, un peloton du premier commando a découvert un gros dépôt de munitions dans une ancienne caserne d'un secteur qui n'était normalement pas sous notre surveillance. La découverte a créé de l'animosité entre les commandos. Car cela voulait dire que ceux qui avaient déjà patrouillé dans cet endroit n'avaient pas fait convenablement leur travail. Mais, bien sûr, ce genre de succès dépend beaucoup de la chance. N'empêche qu'on a eu droit à des félicitations. Devant l'impressionnante quantité de munitions saisies, on a compris qu'il ne fallait pas sous-estimer l'adversaire.

Nous étions confrontés à un dilemme après cette prise de guerre. Les Américains ne voulaient pas désarmer à l'encontre de l'avis des Nations unies, et nous étions sous commandement américain. Nous avons résolu de laisser sur place les armes saisies, mais nous en avons fait l'inventaire et avons monté la garde. Nous avons dû en revanche remettre aux Somaliens les armes individuelles qu'il nous arrivait de confisquer. Lors de la saisie dans la caserne, le major Pommet est venu se rendre compte de la situation sur place. Il nous a immédiatement fait décharger nos armes, corrigeant ce que l'officier américain nous avait ordonné de faire en cas de dégradation des choses. Et pour montrer que la situation n'était pas tendue, le major nous a fait une démonstration de bain de foule. On était un peu inquiets pour lui. Mais rien ne s'est passé. Il était un peu la coqueluche de la population avec ses grandes moustaches, que d'ailleurs il aimait exhiber. Les Somaliens adoraient en faire remarquer les bouts en forme de guidon de vélo.

Cet épisode nous a beaucoup appris sur la vie des Somaliens. Tout d'abord que la différence de culture était très grande et que notre ignorance nous portait préjudice. Nous étions parfois maladroits et nous faisions des réflexions souvent sans fondement. Certains s'enfermaient dans leur façon occidentale de penser. Nous n'avions en tête que notre éducation, ce que l'on nous avait appris et enseigné, une forme de sécurité mentale de savoir que nous n'étions que de passage.

L'islam peut paraître profondément méprisable, car la place de la femme en Somalie n'est certainement pas des plus enviables. Il suffisait pour s'en convaincre de voir de très jeunes filles, presque encore des enfants, promener un bébé enveloppé sur le dos ou encore des plus vieilles transporter du bois et d'autres charges plus lourdes que notre équipement de combat au complet. On se demandait parfois où étaient les hommes somaliens, s'ils travaillaient. Nous en voyions certains se promener avec une sorte de chapelet fait de petites boules de bois qu'ils faisaient glisser entre leurs doigts. Le regard profond, les lèvres murmuraient ce que l'on croyait être une prière. Mais ce qui faisait surtout sursauter les soldats, c'était de voir deux hommes main dans la main. Une homosexualité sans contrainte où les hommes sont faits pour le plaisir et la femme pour procréer. Il ne fallait pas que l'on néglige le fait que, parmi eux, il y avait des médecins, des avocats...

La vie de groupe est profondément vécue. Ici, la télévision n'a encore isolé personne, les soirées se passent ensemble, en famille, entre amis.

En attendant les véhicules, la vie au camp s'organisait autour des menus gestes quotidiens. L'amélioration de notre vie passait par une bonne hygiène. Au début, nous avions une douche de camping pour trente-cinq hommes, mais rapidement on était une centaine. Aussi comique que cela puisse paraître, une équipe d'hygiène de la logistique est venue nous expliquer que nous ne respections pas les règles de propreté. Nous étions en plein désert !

Au fil des jours, la nourriture que nous jetions devenait plus importante. Les rations militaires, aussi variées fussent-elles, commençaient à devenir lourdes sur l'estomac, sans compter que la chaleur fait baisser la consommation. En temps normal, en exercice, nous utilisons deux tiers d'une boîte, nous en étions au tiers. Le chocolat était fondu, le café et les menus les moins attrayants se retrouvaient à la poubelle. À six dollars la boîte multiplié par trois, par jour, par homme... Il aurait mieux valu nous fournir de la nourriture fraîche. Ces rations non consommées faisaient la joie des Somaliens. Certains disaient que notre nourriture était trop protéinée pour eux, pouvant même leur causer la mort. Mais aucune consigne n'est venue corriger nos gestes. Ce qui avait le plus de succès, c'était nos bouteilles de plastique vides. Dans le désert, c'était un précieux contenant, et la population l'a vite compris. Les enfants se bousculaient pour en avoir.

On cherchait à se distraire comme on pouvait. Une section a attrapé des lézards pour ensuite organiser des courses dans un long couloir de carton, fait de boîtes de ration.

Le premier courrier est arrivé après trois semaines. Une lettre est le seul lien avec le monde extérieur, les êtres chers sont un soutien moral inestimable. Nous avons également eu, après ces trois premières semaines, l'accès au téléphone, qui se trouvait dans le camp de l'état-major. Mais il n'y avait qu'un seul appareil pour quatre cents militaires, et l'usage était limité à cinq minutes de conversation, chronométrée par un sous-officier. C'est très court. Mais la chaleur d'une voix... Généralement nos horaires d'appel se situaient de minuit à six heures du matin — il y a huit heures de décalage par rapport au Canada. La journée, nous n'y avions pas accès, c'était réservé aux « appels d'affaires ». La situation aurait dû s'améliorer quand nous avons eu trois appareils, répartis dans trois campements, mais c'est le contraire qui s'est produit. Il y a eu une perte totale de contrôle : les uns parlaient beaucoup plus que cinq minutes, d'autres se sont fait prendre leur temps d'appel, le téléphone est devenu un vrai repas d'hyènes. À un moment il a fallu demander à un padre s'il était en conversation avec le bon Dieu.

À cause de tout cela, nous nous sommes concentrés sur le courrier. Mais là aussi il y a eu un incident qui a failli mettre le feu aux poudres : un sac postal a été perdu au centre-ville de Belet Huen. Le colonel Mathieu a essayé de le récupérer auprès des chefs de clans, sans succès.

Le travail au camp était presque terminé. Les longues séances de bronzage commençaient. Ceux qui ne supportaient pas la chaleur restaient dans les tentes. Le matériel arrivait tranquillement, lits de camp, eau à profusion et, grand luxe, l'électricité, qui venait remplacer nos lanternes de pétrole, mais cela se faisait doucement selon les priorités des tentes. Nous n'avions pas encore reçu de planchers de bois, la bâche utilisée pour le Grizzly et des cartons faisaient un parterre rudimentaire. Nous étions à la mi-janvier et nous étions au fond heureux d'avoir eu tout le stock petit à petit : cela brisait la monotonie des jours et nous empêchait de nous ennuyer.

Les chauffeurs qui ramenaient les Grizzly nous apportaient des nouvelles de Mogadishu. La situation était très tendue avec la population là-bas, un soldat américain avait été tué, coups de feu, une vraie tension de guerre dans cette ville, sœur jumelle de Beyrouth. Pour empêcher des milliers de mains de voler ce qu'il y avait sur les véhicules, jerrycans, pelles et tout autre matériel, il fallait s'armer de manches de pic et frapper ceux qui essayaient de grimper. Tout devait être surveillé, des soldats s'étaient fait arracher leurs lunettes et même un dentier y était passé. L'agressivité y était considérable et le degré de sécurité au maximum. En tout temps en ville, il fallait porter le casque d'acier et la veste antiéclats.

À trois cent cinquante kilomètres de là, nous étions déçus de ne pas être dans l'action. Qu'est-ce qu'on foutait à Belet Huen ? Nous n'y étions pas vraiment nécessaires. On nous répondait qu'il fallait voir l'opération à plus grande échelle. Mais l'important, c'était que nous allions pouvoir bouger et que nous aurions une plus grande liberté de mouvements. Notre seule distraction était parfois de se rendre dans le camp de la logistique pour la poste et le téléphone. Maintenant nous pouvions détacher nos pensées des tâches journalières. L'inactivité mine toujours le moral du soldat. Et pourtant, malgré l'arrivée des véhicules, le doute planait dans nos esprits, il se passait peu de choses en ville et la famine était inexistante.

Le plaisir d'être en Somalie s'estompait au fil des jours. Nous attendions avec fébrilité les quatre jours de repos que nous allions avoir à Nairobi, au Kenya. Pour chaque trente-cinq jours en terrain opérationnel, à tour de rôle, nous allions bénéficier du luxe que vantaient les prospectus qu'on nous avait remis. Le paradis terrestre, un hôtel chic, piscine, safari, voyage organisé... Évidemment, nous devions payer, mais ce n'est pas tout le monde qui peut s'offrir le Kenya à peu de frais.

Nous avons eu un *briefing* sur ces jours de congé. Si un membre du régiment créait des ennuis au Kenya, les forces armées ne seraient pas tenues responsables. Le délinquant aurait à faire face à la justice du pays. Était-ce du *bluff* ou simplement une mesure pour que chacun surveille son comportement ?

Nous avons reçu du Canada des journaux du 2 janvier. L'actualité avec une vingtaine de jours de retard n'a pas la même fraîcheur. Nous avons reçu trois fois de vrais fruits. On nous promettait tous les jours que nous allions avoir une cuisine, mais cette promesse a été vite oubliée. Les cuisiniers étaient limités à nous cuire du pain qui venait améliorer notre quotidien. Le service d'hygiène avait déclaré que le degré de contamination où nous vivions était trop élevé pour qu'on puisse nous cuire de la nourriture fraîche. Cela nous donnait une bonne idée de ce qui nous attendait. Nous avons appris aussi que les bateaux qui transportaient les véhicules avait traversé une violente tempête qui avait ainsi détruit une partie du matériel destiné à la cuisine.

Notre camp reproduisait une mini-base. Il y avait un centre de communication partagé avec une petite bibliothèque, une cantine avec télévision et magnétoscope, un quartier maître, qui faisait office d'armurerie et de dépôt de munitions.

VIII

Dans la poussière : Somalie 3

L'arrivée des Grizzly nous a donné un second souffle. Nous les avons préparés pour les missions, munitions, caisses d'eau et rations pour trois jours. Nous allions voir du pays, mais aussi rentrer dans le cœur de l'action. Nous savions qu'après la Somalie rien ne serait plus pareil pour nous. Nous aurions goûté à la réalité des choses de la guerre, nous aurions connu la peur, le stress et le partage du risque. De retour au Canada, la motivation pour faire des exercices et jouer à la guerre ne serait plus jamais la même. Lors de nombreux exercices avec les Américains, nous nous demandions pourquoi ils étaient plus détendus que nous. C'est que, eux, savaient d'expérience la différence entre le réel et l'imaginaire.

Les missions avec les véhicules s'organisaient de la façon suivante : deux pelotons partaient en patrouille, l'autre restait pour assurer la sécurité du camp et effectuer les tâches journalières. Le major avait abandonné l'idée de nous faire tous lever avant le soleil. La seule exigence interne du camp, c'est que nous devions avoir en tout temps notre arme avec nous.

À six heures du matin, dans la semi-noirceur, la température était agréable et fraîche. La colonne de véhicules était prête pour sa première mission en dehors de Belet Huen. Un ordre de marche a été établi. Quand on est le véhicule de tête, la peur de sauter sur une mine est plus fort. Nous étions suivis par des mécaniciens et du personnel médical. L'aventure commençait.

Debout sur les banquettes des quatre mètres cubes d'acier de la boîte du Grizzly, notre corps dépassait, nos armes à nos pieds, avec notre attirail de combat et nos vestes antiéclats. L'espace de rangement dans le véhicule était primordial pour que l'on puisse jouir du moindre confort, même précaire. L'important, c'était que tout soit accessible, qu'on n'ait pas à tout déranger pour prendre une bouteille d'eau. Même le mitrailleur dans la tourelle devait faire preuve d'ingéniosité. Nous étions moins qu'à l'entraînement à Petawawa, ce qui nous permettait d'être plus à l'aise dans le Grizzly. Notre autonomie était d'environ cinq cents kilomètres.

Il n'y avait pas de routes, uniquement des pistes de sable et de cailloux labourées par les pluies. Ce n'était pas du premier confort. Nourris de poussière, nous devions porter des lunettes et un foulard sur le nez. Nos uniformes étaient rougis de terre. La distance entre les véhicules était importante. Il était impossible de suivre de trop près le brouillard, véritable mur de sable, que soulevait chacun d'eux. Et l'on pouvait perdre la colonne.

On pensait que la Somalie n'était qu'un pays désertique, on a été surpris. Il y a beaucoup d'arbres épineux le long des pistes. Il fallait d'ailleurs éviter de se faire fouetter par ces grandes branches épineuses. On a vu d'immenses termitières, construites à notre surprise comme du béton armé ; des animaux sauvages, tels les phacochères et une sorte de gazelles miniatures ; des oiseaux aux couleurs magnifiques et parfois une fleur isolée ; des troupeaux de dromadaires et de chèvres de nomades pour qui nous étions une attraction, l'occasion de ramasser les bouteilles vides que l'on voulait bien leur lancer.

Nous étions à la recherche d'un village bien précis. Notre mission était d'en faire le recensement et d'évaluer les troupeaux d'animaux et l'agriculture. Tâche d'autant plus bizarre qu'aucun de nous n'avait les compétences pour ce genre de travail. Les villageois croyaient qu'on amenait de la nourriture, des femmes et des enfants principalement se sont regroupés autour de nos véhicules. Mais nous n'avions rien à distribuer et puis, de toute façon, il n'y avait aucun problème évident de famine.

Nous ne nous sommes pas attardés. Nous avions un point de ralliement avec un autre peloton. Sur la même piste, nous nous sommes arrêtés dans un autre village, Caagaboy, qu'on aurait pu surnommer « les portes de l'enfer ». Là, oui, il y avait un problème de famine. Des enfants au ventre gonflé n'avaient plus que la peau et les os, des vieillards agonisaient sans espoir. C'était la première fois qu'on voyait ce genre de spectacle. Cela a été un choc. On a beau être soldat, cela n'empêche pas d'être sensible. Malheureusement, nous ne pouvions rien faire. Nous étions entraînés à nous battre, à manier des armes, mais nous étions impuissants devant une guerre à laquelle on ne nous avait pas préparés. Nous étions capables de capter un satellite assis sur nos montures d'acier, mais nous étions incapables de nourrir l'Afrique.

Nous avons finalement rejoint l'autre peloton dans une vieille station-service désaffectée. C'est là que nous nous sommes tous regroupés pour passer la nuit, à la belle étoile. La terre sentait la mort, il y avait des ossements d'animaux et des crottes de dromadaires. Certains dormaient à l'intérieur du véhicule, d'autres étaient installés sur le capot. Un chanceux a pris la civière. Les conversations étaient très animées durant tous les préparatifs du bivouac. Un vrai débat sur l'Afrique : à qui attribuer la faute de la situation. Les réflexions que certains soldats peuvent avoir sont parfois surprenantes et leur lucidité concrète de ce qui se passe sur le terrain très vive. Obéir aux ordres ne veut pas dire ne pas avoir d'opinion.

Le lendemain, nous sommes retournés à Caagaboy. Durant quelques heures, nous avons rangé nos fusils et partagé un peu notre vie avec la population. Une générosité fraternelle, spontanée ; bouteilles d'eau, surplus de rations, nous avons distribué tout ce que nous avions. Une longue file de femmes avec leurs enfants s'est formée devant le Bison médical. Mais l'on ne pouvait soigner personne, nous n'étions pas équipés pour cela, nous ne pouvions que constater et transmettre l'état de la situation à la Croix-Rouge.

Après notre départ de ce carrefour de nomades, il restera deux ornières de nos véhicules, que le vent et le sable effaceront très vite pour redonner à la scène un parfum de mort. Pour nous, c'était l'adieu aux portes de l'enfer, mais nous étions marqués. Nos états d'âme n'allaient malheureusement nourrir personne. Nous aurions voulu revenir avec des camions de nourriture, mais les choses ne sont pas aussi simples. Les agences humanitaires nous réservaient des surprises.

Retour au camp, retour à la routine. Notre adjudant-maître est tombé d'un Grizzly en marche. Les circonstances de ce genre d'accident sont parfois douteuses, mais peut-être pas dans ce cas particulier. Quoi qu'il en soit, pour des questions d'assurances et de couvertures, il faut remplir des rapports et faire signer des témoins pour éviter de répondre à trop de questions. Le militaire peut ainsi bénéficier d'une pension et profiter de tous ses droits. La perte de celui qui devait veiller sur la discipline dans le camp n'a pas affecté tous les soldats. Le départ prématuré des uns est souvent bénéfique pour d'autres. Notre milieu est sans pitié.

Nos rapports avec les agences humanitaires n'ont pas toujours été des plus chaleureux. La venue de troupes en Somalie ne leur facilitait pas spécialement la tâche. Des membres des agences étaient opposés à notre venue car ils craignaient que cela n'envenime la situation. Et il faut admirer le travail formidable qu'effectue la Croix-Rouge, sans armes devant le danger constant et des conditions de vie difficiles. Mais on a aussi noté beaucoup d'irrégularités dans la distribution de nourriture. On a trouvé pas mal de sacs de l'aide alimentaire, riz, blé, sur le marché local. Des Somaliens en faisaient le commerce. Nous ne pouvions rien contre le vol et la corruption.

Les escortes que nous devions faire en principe ne constituaient finalement qu'une petite partie de notre mission. Un commando veillait au déchargement et assurait la sécurité à l'aéroport. C'étaient les agences qui se chargeaient du reste avec des camions et du personnel local. Ensuite, on se passait aisément de notre aide. Cela n'a pas empêché un peloton d'accompagner un jour un convoi dans un village. Sitôt la nourriture déchargée, le peloton est sorti de cette petite localité pour rentrer au camp, mais par mesure de sécurité a attendu le convoi à quelques kilomètres du village. Surprise : les sacs avaient été rechargés dans le camion pour être vendus en ville. Le problème en Somalie n'était pas le manque de nourriture, mais la mauvaise distribution, et nous n'étions pas en mesure de corriger la situation.

Un mois s'est écoulé. Nous sommes le 26 janvier et les ennuis commencent : vols de jerrycans de diesel dans nos camps, camion pris dans un champ de mines, coups de feu en ville. Malgré les patrouilles tous les trois jours, nous prenons trop de mauvaises habitudes, nous relâchons notre vigilance faute d'action. C'est comme cela que les accidents arrivent. Les congés au Kenya ont commencé, réduisant le personnel du camp. La répartition des tâches n'est pas des plus équitables, mais l'on ne se plaint pas trop. La situation dans le pays est toujours difficile à comprendre. Selon le peu d'information que nous recevons sur les autres armées, les Américains ont trouvé une grosse cache d'armes à Mogadishu et cinq paras belges ont été blessés par une grenade.

Nous, nous avons reçu des w.-c. chimiques qui ne seront opérationnels que dans une semaine, rien ne presse. Nous les avons attachés ensemble pour qu'ils ne s'envolent pas au vent, leur couleur vert pâle fait un contraste terrible avec le désert.

Quelque chose a changé dans les ordres : nous avons reçu le droit de tirer à vue, de rétorquer avec nos armes sans sommation contre les Somaliens armés présentant une menace pour notre sécurité. Selon notre jugement personnel.

Mais il y a aussi autre chose qui va modifier notre vie dans le camp : l'alcool et la drogue. En retardant l'arrivée de bière au premier commando, le major Pommet aurait voulu éviter le plus longtemps possible les dérives de certains consommateurs. Si cela n'avait dépendu que de lui, nous aurions été au coca-cola toute la mission. Mais cela n'avait pas empêché des soûleries dans d'autres camps, où il y avait déjà de la bière. Les histoires circulent vite quand il s'agit de boisson.

L'alcool n'était d'ailleurs pas la seule différence entre les camps. On a ainsi appris que le matériel — plancher de bois, frigos, etc. — n'était pas arrivé au compte-gouttes partout. Certains se sont servis d'abord pour leur petit confort personnel. Le colonel Mathieu et l'adjudant-chef, par exemple, possédaient chacun un frigo, alors que les hommes continuaient à boire de l'eau chaude. À un soldat qui avait demandé un frigo, l'adjudant-chef a répondu : « Fuck la troupe. » Il s'est d'ailleurs retrouvé déshydraté à l'hôpital à cause de son alcoolisme ; la bière n'aide pas sous la chaleur. Nous étions face à un commandement alcoolique. Sur le véhicule Grizzly du colonel Mathieu, son chauffeur avait écrit, peut-être à la blague, qu'il n'était pas responsable des actes de son supérieur. Celui-ci, d'ailleurs, se disait le King de Belet Huen. Dès le 31 décembre, alors que nous étions dans nos tranchées, le colonel

146

Mathieu en compagnie de l'adjudant-chef fêtaient joyeusement la nouvelle année en état d'ébriété dans les rues de Belet Huen.

Avoir de l'alcool au camp, même limité à deux bières par personne, tromper le système, était un jeu d'enfant. Le cantinier devait noter le nom de tous ceux qui prenaient des consommations, mais comme il y en a qui ne buvaient pas, ils les cédaient aux autres. On a beau avertir, menacer, la boisson était protégée et on devait en subir les conséquences. Nous avions toujours nos armes avec nous. Les facultés affaiblies de certains auraient pu présenter un danger aussi bien à l'intérieur qu'en cas d'attaque extérieure. Nous le verrons d'ailleurs à Mogadishu, la veille de notre départ.

Quant à la drogue, elle a été introduite au régiment au retour de vacances du Kenya. Le major avait obligé les soldats à prendre ces vacances. Cela était nécessaire pour empêcher qu'on ne sombre dans la folie, et cela permettait aux autres de respirer. Vivre comme nous le faisions, sans congés, aurait été un désastre car nous avions naturellement des problèmes internes. Achetée à Nairobi, la drogue arrivait par avion militaire. Le major Pommet, devant l'ampleur du problème, avait effectué une fouille minutieuse à l'intérieur de chaque tente, de chaque équipement personnel de tous, même chez les sous-officiers, sous prétexte de chercher une paire de jumelles disparues. En le voyant regarder dans les trousses de toilette, on a vite compris qu'il ne cherchait pas d'objet perdu.

Vivre en communauté allait durant notre mission reproduire les faits et gestes que nous connaissions au Canada. Mais s'il est vrai qu'au pays cela passe parfois inaperçu, ici le caractère des gens et le phénomène des bandes étaient amplifiés. On peut passer à travers un tas de situations quand on est soutenu, mais quand on ne l'est pas, c'est un vrai chemin de croix. Si des sections vivaient en harmonie, d'autres devaient faire face à l'égoïsme, à la paresse. Les exemples ne manquent pas : laisser une poubelle pleine à craquer et continuer à y verser des détritus ; faire du bruit quand les autres dorment ; accumuler du linge sale sous son lit de camp ; ne pas débarrasser la table après avoir mangé ; observer les autres en espérant qu'ils commettent une erreur et le crier tout haut... Cela peut paraître simple, mais l'accumulation de ces gestes de rien du tout fait à un moment donné déborder le vase.

Il y a une guerre ici, mais où ? Pourquoi sommes-nous là ? On se rendait de plus en plus compte que ceux qui nous avaient envoyés en Somalie ne savaient rien de ce monde archaïque. La politique se vit ici au rythme du soleil, et ce qui est vrai maintenant ne l'est plus une heure plus tard. Notre rêve de soldat ne se réalisera pas ici. La seule gloire consistera à rentrer entier le plus rapidement possible. Nous savons que le combat nous unit, même s'il y a des morts, des corps mutilés, des souffrances ; ce que nous souhaitions sans le dire, c'est qu'on nous attaque et que l'on se défende, qu'il se passe quelque chose. On avait besoin de se sentir soldat et c'était le contraire qui se produisait.

Les opérations quotidiennes nous ont quand même appris des choses. La garde, par exemple, avec toutes ses variantes, d'une durée d'une demi-heure jusqu'à un maximum de huit heures d'affilée, seul de jour, à deux la nuit, était le moment pour avoir un peu de tranquillité. Le jour, on ne pouvait pas lire, ni écrire, mais on le faisait quand même. Les premiers jours de garde, on prend son rôle très au sérieux, on prête attention à tout ce qui se déroule autour, on souhaite un peu d'action. Puis le regard avec le temps ne fait qu'effleurer les choses, l'esprit est ailleurs. On se surprend à être idéaliste, romantique ; on rêve devant le coucher du soleil, les étoiles, les gens. On pense à la vie, à la mort. La nuit, à deux, on partage des réflexions, on se fait des confidences. Évidemment, on essaie d'être de garde avec quelqu'un avec qui on s'entend ; le contraire s'est déjà vu où des soldats en sont venus aux mains. On évite de mettre ensemble des soldats avec des conflits de personnalité. Nous étions en général cinq pour veiller à la sécurité nocturne sur le camp, deux dans le bunker de l'entrée, un à la radio, les deux autres patrouillaient autour du camp, à l'intérieur. Ces rondes intérieures allaient être remplacées par un mirador placé au nord, surplombant tout notre camp, où les hommes seront fixes pour la nuit avec un puissant appareil de vision nocturne. Le manque de personnel a obligé les sous-officiers à faire de la garde avec nous, et cela est arrivé que notre officier en fasse une fois.

Il y a eu des comportements irresponsables. Comme de verser de l'huile de vidange de Grizzly à proximité d'un puits, de vouloir déterrer un mort en enlevant les pierres qui le recouvraient, de mettre du pétrole dans le jus d'orange qu'on donnait à un Somalien, de montrer des revues pornographiques à des adolescents, ou encore d'écraser une chèvre ou une tortue.

Nous avons fait preuve d'ignorance culturellle. Je me souviens d'un soldat lors d'une fouille dans un village fait de bâtiments en béton. Il m'a montré un livre qu'il avait trouvé. C'était le Coran, qu'il avait pris dans une mosquée où il était entré sans se déchausser et avec son arme.

Un jour, après avoir assuré la sécurité sur la route d'un village où une conférence de leaders somaliens devait avoir lieu, nous avons pris contact avec des militaires français. Notre première surprise a été d'en voir un effectuer un jogging à dix kilomètres de son campement sans arme. Deuxième surprise, les Français cohabitaient avec les Somaliens. Dans leur camp, il y avait un tas de huttes et les habitants circulaient en toute liberté. Il y régnait une ambiance détendue, indifférente. Nous, nous avions fait évacuer deux huttes pour une question de sécurité. Le commandant français nous a également expliqué qu'il avait réglé le problème d'armes en délivrant des permis aux détenteurs, et il saisissait les armes non enregistrées.

Une autre fois, il nous fallait contrôler l'arrivée de camions d'aide humanitaire et veiller à la distribution dans un village où nous étions déjà passés plusieurs fois. Lorsque les camions sont arrivés, le déchargement s'est fait par du personnel local et la marchandise a été stokée dans une cabane. La distribution se ferait le lendemain. Le chef du village nous a demandé de rester la nuit. Il craignait que l'on vienne piller. C'était pour nous une bonne raison, puisque cela faisait un mois et demi que nous étions en Somalie et c'était notre premier centre de distribution que nous allions faire. Une nuit de garde tranquille. Au matin, il y avait une énorme foule réunie sur la place du village. Il a fallu la repousser, la diviser en secteurs. Malgré tout, il y a eu de vives disputes. Certains Somaliens n'avaient pas de contenants pour prendre leur riz ; ensuite c'était très lent ; et puis deux Somaliens ont volé deux sacs. Nous avons dû les poursuivre à la course. Un vrai cirque où nous étions les clowns. Nous avons essayé une démonstration de force, mais cela ne servait plus à grand-chose.

Nous étions tenus par un horaire et nous devions rejoindre un autre groupe. Nous avons laissé les Somaliens se débrouiller. À notre point de ralliement avec les deux autres Grizzly de notre peloton, nous avons poussé un soupir de soulagement, nos réserves de diesel étaient au minimum. Les autres sections avaient saisi des armes d'un autre âge, vraiment vétustes. Nous devions les remettre à notre commandant qui, lui, les transférerait au quartier général. Une pratique courante, nous avons conservé une arme. En cas de problème. Si jamais l'un de nous était pris dans une mauvaise situation, par exemple tirer accidentellement et tuer ou blesser un Somalien sans arme, nous pourrions monter un scénario pour éviter les enquêtes et les représailles. Nous avions peur du système, qu'il ne puisse pas toujours nous comprendre. On n'aime pas l'administration et on ne veut pas toujours avoir à expliquer nos faits et gestes. Que nous nous promenions sans balle dans la chambre pour éviter des accidents, soit ; une décharge accidentelle aurait coûté mille dollars, presque notre prime d'un mois. Cela nous poussait à la prudence et à la sécurité. Mais nous étions en terrain opérationnel. C'était là une réalité têtue. Nous vivions donc dans la crainte, voilà pourquoi nous devions prendre des mesures entre nous pour monter des scénarios bidon.

Pendant ce temps-là, au Canada, l'arrière-garde connaissait de fameux dérapages. C'est là, aux réunions des familles, qu'on découvrait la pauvreté de la préparation administrative et psychologique avant le départ des soldats. Ces réunions, qui devaient être un réconfort, ont

souvent été une source de confusion et d'inquié-
tude, tant à cause des familles elles-mêmes que des
lacunes dans l'information que leur transmet-
taient les responsables.

IX

La déchirure : Somalie 4

Nous avons finalement reçu des planchers de bois en février. Mais encore une fois on a déploré l'inefficacité de notre logistique. Ce sont des ingénieurs américains qui ont fait le travail, tandis qu'à l'aéroport de Mogadishu certains avaient depuis longtemps monté de vraies terrasses avec de petits bancs faits avec le bois qui nous était destiné. Les sani-John sont devenus opérationnels, nous évitant de continuer à brûler nos excréments. Mais la chaleur les changeait en sauna. Nous avons enlevé le toit pour y mettre une moustiquaire. Encore trop chaud. Nouvelle transformation, on a coupé les parois latérales à hauteur de la cuvette, puis y avons encore installé une toile contre les moustiques. Cela ressemblait à un confessionnal.

Soir de détente au camp, pas de mission ni de sortie pour personne. Nous étions en short, torse nu, décontractés, mais toujours avec nos armes.

La cantine était pleine, la vidéo fonctionnait, au petit gymnase les muscles s'activaient, un va et vient continuel régnait entre les tentes pour jouer aux cartes ou faire la conversation. Tout le camp était éclairé, même sous les douches. La génératrice tournait à plein.

Quand des balles ont commencé à siffler, notre réaction a été immédiate. Toutes les lumières ont été éteintes. Dans une course folle, nous nous sommes précipités dans nos tranchées, persuadés qu'on nous attaquait. Soudain, le fou rire général a éclaté : nous nous sommes rendu compte que nous étions tous à moitié nus. Quant à l'attaque, c'étaient en réalité des balles perdues canadiennes provenant du camp où était installée la logistique. Des soldats de garde s'étaient trompés de cible et avaient tiré sur des camarades qui patrouillaient dans leur secteur. Fort heureusement, il n'y a pas eu de blessés, mais nous avons pris conscience de la grande erreur tactique des positions des camps. C'était dangereux et d'un manque de professionnalisme évident. Certains s'étaient approprié rapidement des bâtiments pour une question de petit confort personnel pour ne pas être dans la poussière. Résultat, nous étions exposés à des tirs de notre propre armée. En cas d'attaque, nous nous serions mutuellement tirés dessus.

Les missions sont toujours un endroit pour tester du nouveau matériel : grâce au GPS, boussole électronique qui capte des satellites, nous n'étions jamais perdus et nous savions toujours clairement notre position. Nous avons également reçu trois nouvelles tenues de combat de couleur beige chacune dans un tissu différent, pour les tester. Cela nous faisait du bien d'avoir du linge neuf. De plus, la couleur était à certains endroits plus appropriée au terrain. Le tissu de certaines tenues cent pour cent coton était en revanche trop chaud pour le pays. Ces fameux vêtements tant attendus, nous devions les recevoir avant notre départ. Nous avons quand même eu des chapeaux Tilley, mais l'on s'est demandé qui avait eu l'idée de les teindre kaki. Avec le temps, ils redevenaient beiges.

On a ramené un soldat du Kenya. Motif : alcool. Il sera jugé par le commandant et subira une sanction dont il s'acquittera en Somalie.

Le système postal militaire est bien établi et nous pouvons commencer à renvoyer ce qui ne nous sera plus utile : boîtes de colis avec des *trainings* longs, chandails de laine et, aussi débile que cela puisse sembler, sacs de couchage pour le grand nord. Cela faisait partie des bagages obligatoires.

Nous attendons la visite de la nouvelle ministre de la Défense en espérant finalement connaître la durée de la mission. Nous savions que celle-ci devait être d'au moins six mois puisqu'on commençait à accorder des congés de deux semaines, et à autoriser des départs pour les vacances au pays. En attendant, le général Beno est venu nous encourager. Pour nous, c'était l'occasion de lui remettre notre courrier. Son séjour était de courte durée, il rentrait au Canada peu après.

Alerte. Il y a eu à Belet Huen des manifestations contre notre présence. C'est que nous avons touché des points qui gênent le commerce local en intervenant dans la distribution de l'aide humanitaire. Lors d'une émeute, un soldat canadien a dû tirer et il a mortellement touché un manifestant. Les Somaliens ne se montrent pas très coopératifs. Le vol est de plus en plus fréquent. C'est déjà arrivé que l'on prenne un voleur dans notre camp, un adolescent. Le soldat qui l'a maîtrisé l'a pris par une oreille et l'a conduit chez le major, qui l'a remis à la police somalienne, celle qu'on essayait de former. Maintenant, c'est une caisse de grenades qui a disparu, nous a-t-on dit, dans le camp des ingénieurs. Pour la nuit, nous avons placé des Trips Flare (sorte de grenades éclairantes actionnées par un fil tendu relié à une goupille, qui produisent une forte lumière, mais qui sont sans danger pour la vie humaine). Si on essayait de s'introduire dans le camp, nous le saurions.

Nous avons dû faire une fouille à la suite de ce vol. Il a fallu enfoncer des portes de huttes qui se trouvaient face à notre camp. Cela s'est fait sans rigoler, avec un authentique professionnalisme militaire. Le lendemain, nous avons dû réparer les portes que nous avions brisées, et ce n'était pas de gaieté de cœur.

Nous attendions toujours, après un mois et demi, une décision du colonel, pour pouvoir désarmer au complet Belet Huen, au lieu d'aller patrouiller dans des villages fantômes. La ville était le centre de tout, y compris de la mafia locale. C'est là que nous voulions frapper. Nous ne pouvions pas agir à notre guise, nous avions les mains liées par la peur de notre propre système qui nous faisait perdre beaucoup de crédit et d'énergie aux yeux des Somaliens. Notre sentiment était que, dès que nous serions partis, tout recommencerait et que le problème interne somalien ne pourrait se régler que par lui-même.

Nous sommes arrivés trop tard. La famine avait déjà détruit et tué ce qu'elle devait et notre aide n'était en réalité que fictive et très coûteuse. C'est dur de vivre ici et de savoir que les agences humanitaires volent les pauvres. Nos beaux espoirs de mettre de l'ordre dans tout cela ne relevait plus que de l'utopie. Nous parlions entre nous de la nécessité de rétablir un système de vie, un gouvernement, une police, une armée, mais nous n'étions que de simples soldats idéalistes et nous devions commencer à subir la Somalie.

Nous avons appris que le budget pour la mission était défoncé. Les missions commençaient à diminuer et il n'y avait rien de prévu pour le mois de mars. Le major Pommet nous a dit qu'il était temps que l'on quitte, notre présence n'étant plus nécessaire.

Fin février, notre commandant décide pour le mois de mars de combler le temps en donnant des cours de carrière. Disposant sur place de tout le matériel et des instructeurs parmi les membres du commando, l'on avait tous les atouts en main. Cela naturellement arrangeait tout le monde, les cours de carrière avaient été très rares ces dernières années au régiment. C'était une aubaine de faire un cours de chauffeur Grizzly, de mitrailleur et de signaleur en Somalie. Ceux qui ne suivront pas un cours s'occuperont de toutes les tâches du camp et les élèves ne feront la garde que la nuit.

Au même moment, nous apprenons un coup dur pour les paracommandos belges à Kismao, dans le sud de la Somalie. Ils ont eu plusieurs blessés graves dans une attaque. En écoutant ces informations, nous aussi nous aurions voulu nous battre. Sans blessés, évidemment.

Samedi 27 février, nous recevons notre dernière mission : désarmer. Pourtant cela ne concernait pas Belet Huen, mais les villages alentour. Il fallait effectuer des raids, un travail pour lequel nous étions vraiment entraînés, et ce que nous aurions dû faire depuis longtemps.

Les ordres étaient d'assurer la sécurité des convois humanitaires (ce que nous faisions déjà) et de préparer les positions pour les casques bleus qui viendraient nous relever. L'objectif était louable, mais cela ne réglait rien. Les pourparlers interminables et ambigus que le colonel Mathieu avait avec les chefs de clans n'ont fait que protéger la ville d'une fouille détaillée, durant tout le temps que nous étions à la campagne, deux mois et demi à faire des saisies sommaires dans des villages, où ceux que l'on désarmait avaient le plus besoin de leurs armes pour se protéger contre les bandes de pillards. En fait, nous rendions la tâche plus facile aux voleurs. L'hypothèse était que la ville de Belet Huen s'était débarrassée de ses armes pour les cacher dans les villages alentour. Pour le savoir vraiment, nous aurions tout d'abord dû commencer par perquisitionner en profondeur dans toute la ville. Techniquement cela aurait été possible, mais nous ne l'avons fait que sommairement. Nos prises de guerre n'étaient qu'une petite partie de l'arsenal que possédait la population. Quoi qu'il en soit, les plans pour les raids avaient été judicieusement préparés. Tout devait se faire simultanément dans plusieurs villages.

Nos ordres étaient clairs et précis. À cinq heures trente, la colonne de véhicules Grizzly attendait dans le silence. Dans la cabine arrière, nous avions nos mains sur les armes. Un traducteur somalien nous accompagnait. Tous les mots de communication radio étaient codés, nous savions que les Somaliens se livraient à de l'écoute. En moins de dix minutes, nous avons atteint notre objectif, car la veille nous avions établi un bivouac dans la campagne avoisinante. Cela n'a pas éveillé de soupçon, puisqu'il était courant que nous patrouillions dans ce secteur. Nous avons encerclé le village pour rabattre les éventuels fuyards. L'effet de surprise a été total. La population s'est tranquillement regroupée sur la grande place du village, étonnée et ahurie. Nous n'avons pas traîné. Tout devait être fouillé. Les portes cadenassées seraient ouvertes avec la force minimale nécessaire. Si le propriétaire nous refusait l'accès, tout pouvait arriver.

Nous attendions depuis longtemps ce moment. Nous n'avions encore subi aucune perte humaine au régiment, et nous avions su contrôler l'hostilité de la population. Peu de dialogue entre nous, les mots essentiels, une porte ouverte et nous pénétrions dans l'intimité des huttes et maisons africaines. Un spectacle d'une dure réalité, car l'on découvrait la vie réelle des gens, là où jamais des caméras n'ont filmé. L'on découvrait des installations précaires, rudimentaires, des sommiers en métal, des caisses de bois, des morceaux de tôle, des cordes, des peaux, certains objets sculptés dont on aurait pu admirer la beauté derrière une vitrine de musée. Tout un assortiment que l'on aurait pu trouver dans nos fonds de grenier. Et une odeur d'animal dépecé. Dans la pénombre des habitats, aucun secret ne devait nous échapper.

Il n'y a eu aucune violence dans nos actes. Le butin a été maigre : quelques armes et munitions et des mines, que les ingénieurs ont détruites à la sortie du village. Notre premier raid réussi, nous nous sommes dirigés vers un autre village. Même procédure, même scénario, deux jours de mission en tout. Fatigués, éreintés, mais heureux, nous avions accompli un travail parfait qui était dans nos cordes. Un bilan très positif pour le moral, nous étions très motivés et nous avions prouvé à nos propres yeux que nous étions prêts à répondre à toute situation.

Puis, en mars, la déchirure.

Nous devions rentrer dans les trois mois. Le cours de chauffeur de Grizzly était un souffle de changement qui nous permettait de respirer et d'être avec des soldats des autres pelotons. C'était une occasion de les rencontrer et de les mieux connaître, car même si nous étions dans le même camp, nous n'avions pas toujours eu la possibilité de travailler ensemble. Les journées allaient se passer rapidement, nous n'attendions que la date de la fin de notre mission.

Or, voilà qu'un ensemble d'événements allaient introduire le drame dans notre mission et ternir la réputation du régiment. Signe annonciateur, un matin, à dix heures trente, une Jeep américaine a sauté sur une mine sur une route où nous passions souvent. Le chauffeur a eu les deux jambes arrachées et est mort peu de temps après. Les autres occupants ont été blessés gravement. On a supposé que c'était une vieille mine qui était remontée à la surface à la suite des vibrations dues à nos passages fréquents. Nous avions déjà eu un Bison qui avait sauté sur une mine, mais les occupants n'avaient rien eu. Les roues du véhicule avaient amorti le choc.

Puis un soir, notre peloton a dû se précipiter pour une nouvelle opération. Des camions d'armes devaient arriver de Mogadishu et nous devions les intercepter. Moins de cinq kilomètres plus tard, nous avons aperçu deux fuseaux de phares, à une distance difficile à évaluer. Nous avons arrêté le Grizzly, éteint nos feux. À trois, nous sommes partis vers lui au pas de course. Lorsque le camion est arrivé à sa hauteur, le mitrailleur du Grizzly a allumé le puissant projecteur éblouissant le chauffeur du camion, qui a stoppé immédiatement. L'un de nous l'a pointé avec son arme, un autre a commencé la fouille sous la surveillance du troisième. Nous n'avons rien trouvé.

Plus loin, nous avons établi un barrage routier sur un pont avec de grosses pierres en attendant le fameux convoi d'armes. Nous avons arrêté quatre camions bourrés de gens juchés à cinq mètres de hauteur au-dessus d'une cargaison de sacs. La fouille n'a pas été facile. Il fallait faire descendre tout ce monde, le tenir à l'écart, puis remuer je ne sais pas combien de tonnes de sacs de riz et de bidons d'huile pour passer au peigne fin à la lampe de poche le dessous de tous les camions. Finalement, on n'a trouvé qu'une arme.

Nous avons passé la nuit là, sur le sol, le vent soufflait et la température était fraîche, nous étions collés contre les roues du Grizzly, frigorifiés.

Au petit matin, le soleil orangé nous a donné un spectacle simple et ordinaire de la vie des hommes. Des Somaliens étaient autour d'un puits abreuvant leurs animaux, indifférents à notre présence, ils étaient en harmonie avec la terre. Une déchirure de conscience allait nous mettre tous au pied du mur : un Somalien avait été tué et un autre blessé en tentant de voler dans nos lignes.

Dans notre camp, cette nuit de la première semaine de mars, les hommes qui étaient de garde dans notre tour d'observation scrutaient l'horizon à l'aide du Node (puissante lunette thermique à infrarouge). La vie dans le camp était tranquille. Puis soudain, des détonations se sont fait entendre. De la tour, on a entendu crier qu'ils en avaient eu un. C'est tout. Nous avons appris le lendemain qu'il y avait eu mort d'homme. C'était tout un événement puisque c'était le premier homme tué dans un conflit par des Canadiens depuis la guerre de Corée.

Personne ne sachant ce qui s'était passé réellement, un tas d'hypothèses ont commencé à circuler entre nous. On a appris que les Somaliens s'étaient fait tirer dans le dos, et que l'un d'eux avait été achevé d'une balle dans la tête. Déchirés par des sentiments contradictoires, nous savions que cela aurait pu arriver à n'importe qui parmi nous. C'est difficile de blâmer un camarade qui n'a en fait qu'exécuté les ordres.

J'ai personnellement voulu en savoir plus, pour avoir la conscience tranquille. J'ai parlé au soldat qui avait tiré. C'était un de mes compagnons d'arme, un militaire professionnel. D'une certaine façon, j'ai écrit ces lignes pour lui. Bien sûr, en raison de l'enquête dont il était l'objet, il n'a pas pu tout me raconter tout de suite. Ce n'est qu'un an plus tard, comme il me l'avait promis, que j'ai pu recueillir son témoignage.

À la fin de l'après-midi du 4 mars, il rentrait au camp. On lui a dit qu'il arrivait à temps, car son détachement se préparait pour une mission. Il faisait partie du peloton de reconnaissance sous les ordres du capitaine Rainville. L'habillement n'avait aucune importance, il suffisait d'être léger et d'avoir avec soi son arme personnelle. Un plan avait été élaboré pour surprendre les voleurs, un camion de rations avait été placé en appât près du camp des ingénieurs et un semblant de déchargement avait été effectué. Une ambulance était prête en cas d'accident au cours de l'opération. Au campement des ingénieurs, l'accueil de ce petit détachement de huit hommes avait été assez froid. On sentait qu'il allait se passer quelque chose d'important cette nuit-là. Les propos du capitaine Rainville ne pouvaient qu'être rassurants : c'était, disait-il, une vraie partie qui allait se jouer, une réponse à tout l'entraînement, fini donc toutes les frustrations. Le détachement divisé et positionné, l'attente commençait.

Les voleurs furent au rendez-vous. Observés aux lunettes à infrarouge aux abords du camp, deux Somaliens se préparaient à y pénétrer. Tel fut tout le déclenchement de l'opération. En réalité, c'est la fuite qui a tué et blessé. Car après les sommations d'usage, ils ne se sont pas arrêtés et des coups de feu ont été tirés. Les deux Somaliens ont été rabattus vers mon camarade, qui, ne sachant pas qui avait tiré sur qui, visa dans la direction des fugitifs. Il y a eu un arrêt, puis un des voleurs s'est relevé. Une autre balle. L'homme est tombé sur place. Au bout du doigt de la détente, c'était l'instinct. Ce qui est arrivé ce soir-là devait arriver.

Après la mort, ce qui a déplu à celui qui avait agi, c'est la manière dont le corps a été exhibé. Tout d'abord, par peur de transporter le cadavre à cause des maladies, il a fallu attendre que l'ambulance arrive. Et puis il s'est formé un attroupement d'ingénieurs autour du mort. Mais ce qui a surtout choqué, c'est la façon dont son supérieur s'est réjoui de la réussite de l'opération.

Il y a eu naturellement enquête de la police militaire durant les vacances du soldat en question au Canada. Il y a eu à son égard une forme de trahison car la peur et le manque de solidarité se sont emparés du groupe sous enquête. Les versions sont devenues différentes, se sont contredites sur les faits. Il était clair qu'on voulait se protéger. Le capitaine Rainville n'a cependant jamais refusé de prendre le blâme et, dans la controverse, il a continué à soutenir ses hommes. Nous avions d'autres histoires à l'intérieur du camp, bien moins graves certes, mais qui pouvaient éveiller des soupçons sur les rapports internes de notre commandement.

Mais il y a d'autres cas où on a pu échapper à la justice militaire. Si tout s'était bien déroulé à l'intérieur du premier commando, c'était grâce au major Pommet. Il a cependant dû sanctionner un de ses sous-officiers en le renvoyant au Canada. On avait appris que quelqu'un avait utilisé la poste militaire pour expédier au pays un revolver, d'une valeur approximative de huit cents dollars, saisi par la Croix-Rouge. Les armes que l'on saisissait étaient en général détruites ou ramenées au Canada pour notre musée ou comme échantillons dans nos cours sur l'identification des armes. On nous avait déjà prévenus de ne pas essayer de ramener des souvenirs de guerre. Quelques jours plus tard, un Somalien est allé à plusieurs reprises se plaindre au quartier général qu'on ne lui avait pas rendu son arme. Quand le major a demandé à l'adjudant ce qu'il était advenu du revolver, celui-ci a dit qu'il l'avait rendu, et que le Somalien mentait. Notre commandant avait pour règle de faire confiance à ses hommes. Mais, devant l'insistance du Somalien, il a raconté qu'une arme avait été saisie par la poste canadienne. L'adjudant est alors passé aux aveux. Résultat, il a été renvoyé au pays, mais comme ses vacances coïncidaient avec son renvoi, il restera au pays en attendant d'être jugé, le colonel Mathieu ne voulant pas entamer une procédure de cour martiale sur place. Les accusations étaient : vol d'une arme, introduction au Canada d'une arme illégale et mensonge à un supérieur. Mais comme l'arme n'a jamais été retrouvée, le major a perdu la partie. Il déclarera plus tard, au cours d'une conversation informelle que j'ai eue avec lui, que le manque de soutien de l'adjudant-chef, qui pour lui était un parfait alcoolique, ne l'a pas aidé. Raison officielle du renvoi de l'adjudant : conflit de personnalité. Aucune charge criminelle n'a pu être retenue.

D'autres avaient d'ailleurs utilisé la poste militaire pour le même genre de colis. Lorsque les autorités s'en sont rendu compte, on a commencé à passer les paquets au détecteur de métaux. Certains se sont fait prendre. Ces incidents favorisent les promotions et la rotation de personnel au sein du groupe.

Nous avons eu la visite du chef de la Défense, mais nous n'en savons pas plus sur la date de notre départ.

Quelqu'un a brisé le magnétoscope. On cherche le coupable, non pour le punir mais simplement pour savoir ce qu'il a fait avec les pièces pour pouvoir réparer l'appareil. Personne ne s'est manifesté, nous voilà privés de films.

La tension monte et une certaine agressivité prend place dans le quotidien. On entend que le Kenya coûte cher, que ceux qui rentrent de vacances du Canada trouvent difficile de reprendre le travail. On aurait cru qu'il y aurait désertion de la part de ceux qui ne voudraient pas revenir en Somalie. Il y a peut-être eu un cas au régiment.

Nous avons rendu souvent visite à un camp italien qui se trouvait à deux heures et demie de route de nos positions. Nous y étions toujours bien accueillis, mais, surtout, c'était l'occasion de manger de la nourriture fraîche. Les conditions de vie des soldats italiens étaient toutefois moins bonnes que les nôtres, leur hygiène plus précaire, et leur camp plus poussiéreux. Il était d'ailleurs difficile de comprendre comment les Nations unies avaient pu autoriser un ancien colonisateur à venir effectuer une mission de paix dans un pays qu'il avait occupé.

Le 17 mars, nous avons appris que trois paras belges sont morts sur une mine. Je me sentais personnellement touché, car c'étaient des soldats de mon ancienne unité. Un ami servait là-bas en même temps que moi. Je ne connaissais pas le nom des victimes, mais j'étais inquiet.

Deux soldats américains ont été arrêtés pour brutalité contre des Somaliens.

Un hélicoptère canadien s'est écrasé à cause d'une tornade de sable. Pas de victimes.

Plus nous restons ici, plus on s'enfonce dans les problèmes. Dans quoi avons-nous été embarqués et qu'est-ce que nous avons vraiment fait ?

Dans notre camp, avec le cours, les gardes, les patrouilles et les soldats en congé, il ne reste plus grand monde. Cela tourne au boudin. Nous avons reçu des grandes bouteilles de vingt-cinq litres d'eau avec refroidisseur. Enfin, nous allons boire de l'eau froide.

On nous a annoncé que le deuxième commando avait capturé un Noir qui essayait de voler. Ils l'ont enfermé dans la prison de leur camp, ensuite il a reçu des visites nocturnes. Résultat : il serait mort d'une commotion cérébrale. Nous savions qu'il avait été roué de coups. Ce qui a déclenché l'histoire, c'est la vantardise du caporal-chef Matchee. Même si les hommes pouvaient être cyniques, personne n'a donné son appui à de tels gestes. Et personne non plus n'a pleuré à la tentative de suicide de Matchee, même si sa pendaison lui a causé des traumatismes cérébraux irréversibles. Nous n'étions pas au courant que le jeune somalien avait été atrocement torturé. C'est beaucoup plus tard, bien après notre retour au Canada, que nous l'avons appris en même temps que le grand public. Sur place, nous savions qu'il y avait eu une enquête, que des arrestations avaient eu lieu et que des soldats avaient été renvoyés au pays. Ce sont des soldats du premier commando qui leur ont servi d'escorte. Dès leur arrivée à l'aéroport au Canada, pour éviter les journalistes, ils sont passés par le côté sous escorte de la GRC.

Nous avions peu d'information sur place, ce qui s'est passé réellement dans le camp du deuxième commando, nous l'ignorions. Après cet événement, il y a eu un renforcement de la discipline dans notre camp, le moindre prétexte était une occasion pour nous faire une remarque, cela a coûté à un lieutenant de voir sa promotion au rang de capitaine retardée de six mois.

Tout cela a sali le régiment. Conséquence : nous n'existons plus maintenant.

J'imagine cet homme dans cette prison de sable roué de coups. Seul, sans appel, enchaîné dans le désespoir. Un bourreau allait faire son œuvre, venir l'achever, ivre de violence, de frustration. Un bourreau de notre patrie, de ma patrie.

Nous sommes des hommes de guerre, mais pas des assassins.

X

RETOUR AU PAYS

Après ces événements, la vie a repris comme avant, bien qu'elle ne puisse jamais être comme avant.

Nous avons manqué de carburant pour nos réchauds. On nous a donné du kérosène, mais cela fait une fumée impossible, ça pue et ne chauffe pas. Nous avons demandé à quelqu'un de nous expédier un réchaud électrique du Canada, ainsi que de la nourriture, par exemple des pâtes et de la sauce à spaghettis, mais il arrivait qu'on en achète aux Somaliens.

L'électricité faiblit dans nos tentes à cause de la surcharge. On est obligé d'utiliser une lampe de poche pour lire et écrire.

Un match de soccer a été organisé contre les Italiens. Le problème, c'est que les ballons éclataient sous l'effet de la chaleur ou lorsqu'ils tombaient dans un buisson d'épines.

La saison des pluies approche. Pour éviter que les véhicules ne s'enfoncent dans la boue, des bulldozers sont venus renforcer notre stationnement de remblais de cailloux. Par la même occasion, nous avons déplacé toutes nos tentes, un travail de deux jours, mais cela occupe. Nous avons trouvé des rats sous l'un de nos planchers de bois.

On nous a demandé de ne pas parler des histoires du deuxième commando à nos familles. Mais déjà tout se savait au Canada. C'est d'ailleurs par nos proches que nous avions l'information. Comme d'habitude, les médias avaient pris le dessus.

On est venu demander s'il y avait des volontaires désireux de partir en mission en ex-Yougoslavie au mois d'octobre. Eh bien, il y a eu des gens mariés qui ont donné leur nom pour repartir sans même consulter leur famille.

Le magnétoscope a été réparé.

Le vent et la tornade soulèvent la terre en grosses vagues de poussière. Tout se transforme dans le contour du camp, notre imagination travaille, elle peuple le paysage de monstres et autres êtres fabuleux.

Deux journées de sports sont prévues pour le 7 et 8 avril, ainsi qu'un saut en parachute le 10 avril.

Les Belges ont demandé des renforts dans le sud, la capitale est tranquille pour l'instant. Les Nations unies envoient des casques bleus à partir du mois de mai, cela ne signifie pas que nous allons partir tout de suite, il faudra leur montrer le travail ici et les informer sur tout l'environnement.

Nous avons eu l'occasion de manger pour la première fois à la cuisine du camp de la logistique. Enfin du frais. On nous a dit qu'on pourrait bénéficier de ce régime une fois par semaine. Cela s'est résumé à deux fois en un mois.

Nous allons recevoir des nouveaux casques et de nouvelles vestes antiéclats. On les a essayés pour nos tailles, mais la distribution est reportée à plus tard.

Le sport avec les Italiens a été supprimé. C'était trop avec le deuxième cours qui a commencé. Mais cela ne nous a pas empêchés d'avoir des rencontres internes suivies d'une soirée barbecue. C'est le seul moment, à ma souvenance, que nous avons vu le colonel et l'adjudant-chef dans notre camp. Il y avait de la bière. Nous avons eu un contrôle pour nos vaccinations.

Les journaux du Canada rapportent l'incident du Somalien dans la prison. On nous dit que la radio somalienne parle contre nous.

On commence à manquer sérieusement de pièces pour les véhicules, les pneus de rechange se font rares. On est obligé de prendre des pièces des Grizzly accidentés pour en réparer d'autres. Des parties de baseball ont été organisées contre les autres commandos, mais la sélection de l'équipe est une mafia.

Enfin, nous avons reçu des dates approximatives de notre retour au Canada : à partir du 1er mai. Les Nations unies prennent la relève, le déploiement de casques bleus se fera sur trois mois. L'important pour nous, c'est de savoir quand nous partirons. Le régiment rentrera du 15 mai au 15 juillet. Le premier commando sera le dernier. Un grand soulagement règne à présent.

Nous avons reçu des parachutes du Canada pour effectuer un saut en hélicoptère. C'était fantastique de voir le paysage, mais il y avait un goût amer de savoir que l'envoi avait coûté trois cent mille dollars. Nous aurions préféré de la nourriture fraîche. Pour le saut, des Italiens ont été invités. Des Canadiens ont pu se rendre à leur camp pour effectuer un saut chez eux, avec leur matériel, et ainsi avoir un badge d'ailes de leur pays.

Nous avons préparé un champ de tir pour notre cours de mitrailleur, nous allons loger cinq jours en dehors de notre prison. De vieilles carcasses d'anciens véhicules blindés ont été placés comme cible. Le cours de mitrailleur nous a permis de nous rendre compte à quel point il devenait nécessaire de tirer les munitions et d'utiliser les armes à pleine capacité. Nous avons eu d'énormes problèmes avec les armes de la tourelle du Grizzly. Trop enrayées. Il y a eu des ratés. En plus, nous utilisions la GPMG de calibre 7,62 mm, ancêtre déclassé des forces canadiennes. Un véhicule sur quatre ne présentait aucun ennui de fonctionnement d'armement, mais les pièces de rechange nous manquaient.

Nous apprenons que les médias s'acharnent contre nous au pays, nous traitant d'assassins. Ce n'est pas la joie pour ceux qui reviennent de vacances au Canada.

Le colonel Labbé, un des grands patrons de notre mission est venu de Mogadishu nous donner un *briefing* sur la situation au Canada. Nous ne devions pas nous attendre à être reçus les bras ouverts. Nous nous sentons abandonnés par ceux qui nous ont envoyés ici. Comme les soldats américains au retour du Viêt-nam.

Nous approchons de la fin avril, la saison des pluies commencera bientôt, le ciel est gris et nuageux. Le 5 mai, nous déménagerons à Mogadishu. Les Somaliens le savent aussi et de plus en plus ils mendient autour du camp. Ils savent que nous allons devoir abandonner du matériel. Il avait été beaucoup question que l'on brûle les tentes pour ne pas les ramener au Canada, à cause des risques de contamination.

La pluie est tombée et des véhicules sont restés trois jours embourbés. Le camp aussi est dans la boue. Juste avant l'averse, nous jouions au volley-ball à côté de notre camp. Nous nous sommes précipités pour nous mettre à l'abri. Pendant ce temps, des Somaliens ont emporté nos filets.

Début mai, le grand déménagement a commencé. Ce sont des Allemands qui prendront la relève.

Mais le début mai a aussi connu un drame : un soldat a tué son meilleur camarade, le caporal Michael Abel, en nettoyant son arme.

Il y a eu quand même sur place des faits positifs et il serait injuste de ne pas en parler. À part les fantassins qui assuraient la sécurité, les ingénieurs ont reconstruit une école et ont fait une passerelle pour piéton sur un des ponts de la ville. On a distribué des uniformes à la police qui a aussi reçu une jeep Toyota neuve. Le personnel médical a travaillé à l'hôpital en ville pour soigner la population.

C'est peut-être peu. Beaucoup de gestes resteront d'ailleurs inconnus ou discrets.

À Mogadishu, nous avons relevé les soldats australiens. Au vieux port, les conditions de vie étaient meilleures, la température était plus agréable grâce à l'air marin et on avait accès à un peu de nourriture fraîche, du moins de la viande congelée. Nous étions dans notre dernière retraite, à faire de six à huit heures de garde sur le chargement des conteneurs. Notre périmètre était assez grand à couvrir et nous avions plusieurs miradors, mais nous ne faisions pas de patrouille en ville, seulement à l'extérieur du camp pour vérifier les barbelés. Nous nettoyions également les véhicules pour les décontaminer avant de les mettre sur les bateaux. Mais nous avons connu des problèmes aussi : une forte consommation de drogue et d'alcool. Protégée bien sûr par le silence.

C'est lors de patrouilles internes dans le port que l'on a découvert un tas de matériel et de la nourriture qui ne nous avaient pas été distribués. Nous volions la nuit notre propre armée, pour nous servir de boîtes de crabes, de nouvelles rations et du coca-cola. Les militaires qui étaient en charge du ravitaillement à Mogadishu avaient vécu une vie de seigneurs sur le dos de pauvres fantassins qui avaient bouffé de la poussière et des rations de combat durant cinq mois. Ils portaient les nouveaux casques et les vestes antiéclats que nous attendions toujours. L'ambassade canadienne à Mogadishu ne s'était pas gênée non plus.

Dans le vieux port, nous étions encore installés à côté d'un camp italien. Le contact avec eux se faisait surtout la nuit, dans une sorte de bar aménagé entre les deux camps. Le major n'était pas d'accord que nous les fréquentions. Il avait, paraît-il, des désaccords avec leur commandant. La raison en était que le commandant italien autorisait ses hommes à fréquenter les prostituées.

Nous partagions le camp avec des soldats de la logistique, nous n'étions séparés que de vingt mètres, mais il nous était interdit d'acheter quoi que ce soit à leur cantine. Le major Pommet avait pris cette décision à la suite d'une dispute survenue entre des gens de chez eux et nous.

Nous allions acheter nos boissons à l'aéroport de Mogadishu, chez les soldats français qui avaient installé une boutique hors taxes.

Les jours où nous n'étions pas de garde, un véhicule nous conduisait à la plage qui se trouvait aux abords de l'aéroport. C'est là que nous retrouvions souvent des soldats de tous les contingents. On utilisait une chambre à air de camion comme bouée. Un jour, la plage a été fermée et gardée par des soldats américains : la secrétaire de l'ambassade de France s'était fait attaquer par un requin et était morte des suites de ses blessures. Cela aurait pu arriver à n'importe lequel d'entre nous. Bien sûr, personne ne nous avait prévenus du risque.

Un champ de tir a été organisé pour tirer un surplus de munitions et ainsi permettre à tout le monde d'utiliser son arme individuelle ainsi que des armes antichars.

L'embarquement du matériel se faisait jour et nuit sous notre protection. Cela avançait bien. Des soldats du régiment commençaient à rentrer au pays. Vers la fin mai, il ne restait que le premier commando. Le major Pommet nous a réunis un matin en toute hâte, il avait l'air très nerveux. Ce n'était pas son état naturel. Il a commencé à nous lire tout haut et à nous rappeler les règles d'engagement des forces pour l'opération. Ces instructions, nous les avions tous sur une carte plastique blanche que l'on avait distribuée au début de la mission. Nous n'avons jamais su exactement la raison de ce geste. Il y avait comme de la peur dans son regard.

Dans la capitale, c'était en général tranquille. Le 5 juin, nous avons organisé un gros barbecue sur la plage. Le lendemain, la majorité décollaient pour le Canada. Il ne resterait qu'une trentaine d'hommes pour veiller sur les dernières étapes de l'embarquement du matériel. L'ambiance était à la fête, l'alcool coulait à flots. Fini la Somalie, nous allions rentrer à la maison.

Pour faciliter notre départ, nous logions sur le camp de l'aéroport de Mogadishu. Nous nous sommes départis de toutes nos munitions et il y a eu une inspection de bagages, pour éviter qu'on ne rapporte des souvenirs de guerre. Ce dernier soir, beaucoup étaient en état d'ébriété et des tirs de mortier ont commencé à pleuvoir sur l'aéroport et sur la ville. L'alerte a été donnée. On a dû reprendre les armes et redistribuer des munitions. Ce n'était pas des Somaliens qu'on avait peur, mais de ceux qui avaient pris un coup de trop. Il n'est rien arrivé parmi nous, mais des casques bleus pakistanais ont été tués. Les Américains diront que c'était à cause des Somaliens. Selon une autre version, c'est un hélicoptère Apache qui aurait tiré sur le véhicule pakistanais croyant que c'étaient des Somaliens.

Ceux qui resteront jusqu'à la fin du mois de juin connaîtront les combats en ville et essuieront plusieurs tirs avant d'être évacués au pays, sans perte.

Lorsque nous sommes arrivés à l'aéroport d'Ottawa, nous avons tous passé la douane, puis nous avons pris l'autocar pour Petawawa. Nos familles nous attendaient. Une garde d'honneur nous a fait un présentez arme. Nous sommes entrés dans le réfectoire, où il y a eu un discours d'accueil. Mais nous avions plus envie de rentrer chez nous que d'écouter. Nous nous sommes représentés le lendemain sur la base pour les démarches administratives d'usage avant de recevoir une passe de congé d'un mois et plus.

Nous avions tous maigri. Certains ont dû passer des examens médicaux complémentaires.

Il a fallu qu'on réapprenne à vivre. Pour nous, la vie s'était arrêtée six mois. Nous étions dans un autre monde.

À notre retour de vacances, la situation au régiment était assez confuse. La période des mutations avait commencé, et sur plus de cent vingt hommes du premier commando, plus de la moitié avaient quitté le régiment. La grosse majorité des nouveaux qui avaient joint nos rangs venaient de la base de Lahr en Allemagne.

Conclusion

Les scandales n'ont pas cessé depuis notre retour, les médias ne nous ont pas lâchés d'une semelle. Nous avons vécu une tension continuelle et nous n'avons reçu aucun support. On a abandonné le régiment aéroporté à son sort, l'accusant de tous les maux de l'armée. Même des militaires de notre propre armée nous ont discrédités. Livrés à nous-mêmes, le colonel Mathieu limogé, l'ère du colonel Kenward a heureusement commencé. Ceux qui ont servi sous ses ordres ne pourront jamais l'oublier. C'est un chef exceptionnel, un grand et un vrai soldat. Certains auront réappris, sous son commandement, ce qu'est l'armée. Le régiment a atteint grâce à lui un sommet que personne ne lui avait fait atteindre : bonne forme physique et discipline. Son commandement a été exigeant, sévère. L'hémorragie a été arrêtée, on a commencé à se pencher sérieusement sur les problèmes internes, on a été plus exigeants à l'égard des nouveaux arrivants. Dès le début, le colonel Kenward a procédé à un nettoyage radical, imposant des règles et brisant les récalcitrants.

Pourtant, le fond du problème n'a pas été réglé. Car ce qui a été imposé au régiment n'a pas affecté les vrais coupables, qui ont été postés dans leurs unités mères où ils ont pu continuer tranquillement leur petite carrière. Ce sont eux qui ont conduit à sa perte un régiment qu'ils n'auront jamais compris. D'ailleurs, à la suite d'interviews que j'ai accordées ici et là depuis le démantèlement de l'aéroporté, on n'a pas manqué de me faire comprendre, par menace et intimidation, qu'il valait mieux que je me taise. Mais il y a des idées auxquelles je ne saurais renoncer.

Nous avons transpiré à rembourser l'ardoise de soldats qui n'avaient pas réglé leur note avant de partir et à rendre une dette que nous n'avions pas contractée. Les changements étaient là et bien entamés. L'année et demie passée avec le colonel Kenward a démontré que nous étions une grande unité. Cela a été difficile pour tous : les blessés ont atteint un chiffre record, les courses avec sacs à dos et bottines étaient très fréquentes, les inspections augmentées. Nous étions presque devenus un bataillon disciplinaire. Le régiment aéroporté est vite devenu par la réputation du colonel un endroit où l'on n'aurait pas voulu être. Tout n'était pas parfait, en effet. Mais nous avions retrouvé un équilibre qui pouvait nous laisser croire que nous pourrions un jour accomplir une autre mission. Il y avait de la résistance devant une telle discipline, mais au moins on savait qui était le chef. Et lorsqu'il a annoncé notre départ pour la Croatie, ç'a été un grand cri de joie. Le spectre de la Somalie allait être enfin enterré. Le système n'était pas complètement enrayé.

Les hommes ont compris que l'on ne pouvait plus tolérer l'incompétence et les erreurs dans chaque commando. C'est ainsi qu'un adjudant-maître, ancien membre du régiment, a été renvoyé à son unité, faute de répondre aux nouvelles normes physiques de l'aéroporté. Et un major a été déplacé pour avoir commis de graves erreurs sur la boussole. Ces faits et bien d'autres attestent que cela bougeait positivement. Il y a eu une mission au Rwanda pour des soldats du troisième commando. Oui, il y a eu certains dérapages là-bas, un suicide et des problèmes de comportement de certains membres. Mais cela a été réglé très vite. Du côté performance, le régiment a remporté une grande compétition étrangère d'infanterie en Europe et a été reconnu comme l'unité la plus en forme des forces canadiennes. Nous montions vers le sommet.

Et pourtant, nous sommes descendus en enfer. Personne ne pourra vraiment jamais comprendre ce qui nous est arrivé les derniers temps. S'il ne faut qu'une vidéocassette vieille de trois ans pour déstabiliser une unité d'élite, alors notre pays est vraiment faible et nous sommes à la merci de n'importe quoi. On punit des innocents, on ferme une institution, juste pour satisfaire un public auprès duquel le gouvernement a peur de gâcher sa petite image propre. Le ministre de la Défense ne s'est pas opposé à la fermeture du régiment. Quant au général de Chastelain, pour nous tous il devait démissionner et ne pas faire du cirque autour d'une soi-disant démission qu'il aurait remise mais qu'on lui aurait refusée. Cela vaut pour un tas de généraux, qui n'ont pas eu la franchise ni le courage de nous appuyer. Ils nous ont tous laissé tomber. Des chefs qui abandonnent leurs soldats, cela s'appelle de la lâcheté et de la trahison.

C'est par les médias que nous avons appris notre démantèlement. Ensuite, le colonel Kenward nous a réunis pour nous le confirmer, cela a été émouvant de le voir pleurer. Étions-nous tous affectés par la fermeture ? Non. Pour certains, c'était l'occasion de manifester leur mépris pour l'aéroporté. Heureusement pour le gouvernement, le colonel Kenward a un sens de loyauté hors pair, car il aurait suffit de peu pour enflammer les passions. Il nous a tenus dans une discipline extrême jusqu'au bout. Cela n'a laissé à nos ennemis aucune occasion de nous rabaisser davantage. La fermeture de l'aéroporté aurait pu se résumer à mettre la clé sous le paillasson. Mais on devait une cérémonie aux anciens combattants. On a pu ressentir à un moment un profond désarroi.

On a démantelé le régiment aéroporté pour le restructurer dans un mode de fonctionnement qui n'est pas opérationnel. On se retrouve comme avant, avec une compagnie parachutiste dans un bataillon mécanisé qui se détestent mutuellement. Il y a eu de toute évidence une rupture avec le grand principe de l'élite militaire. Nous devons maintenant faire attention à ne pas réveiller la susceptibilité du haut lieu. Pourtant, on nous avait promis que nous allions pouvoir encore mettre en évidence notre compétence de parachutistes, mais ce n'était là que fausse promesse. En réalité, on essaie de réduire le plus possible tout ce qui peut rappeler l'élitisme qui caractérisait le régiment. On en a vraiment contre le béret marron. Cela n'empêche pas notre petite compagnie de parachutistes — soixante-quinze hommes du côté francophone, plus précisément — de tourner. On survit en essayant de prendre le meilleur et de renouer avec certaines valeurs. Mais notre avenir est incertain.

Ceux qui croient que ce qui s'est passé au régiment aéroporté ne se passe pas ailleurs dans les forces armées canadiennes se trompent. Il suffit de rappeler que lors de la mission en ex-Yougoslavie tel commandant vivait comme un seigneur pendant que ses hommes étaient sous les tentes à patauger dans la boue ; que tel officier en état d'ébriété a mis en danger la vie de deux de ses hommes, et que pourtant quelques mois plus tard il a été promu à un grade supérieur ; que quand le caporal Daniel Gunter, casque bleu canadien, est mort aucune mesure n'a été prise, on a camouflé les circonstances réelles de sa mort et on a traité sa famille avec désinvolture ; qu'il se fait couramment du trafic de drogue et du détournement de matériel des Nations unies... Et ce ne sont là que quelques détails. Avons-nous une justice militaire ?

La commission d'enquête sur la Somalie se montre un peu trop diplomate avec des militaires qui défendent devant eux leurs intérêts en ayant des pertes de mémoire. Cela a quand même du bon de montrer à la population quels types d'hommes nous commandent. Il faudrait souhaiter que la commission voie son mandat élargi afin de faire toute la lumière non seulement sur l'affaire somalienne mais aussi sur toute la crise d'une armée en déroute. Malgré tout cela, je continue à servir comme beaucoup d'autres, avec un goût d'amertume certes, mais convaincu que nous sommes et restons avant tout au service d'un peuple dans lequel nous croyons profondément. À ce peuple de nous juger.

TABLE DES MATIÈRES

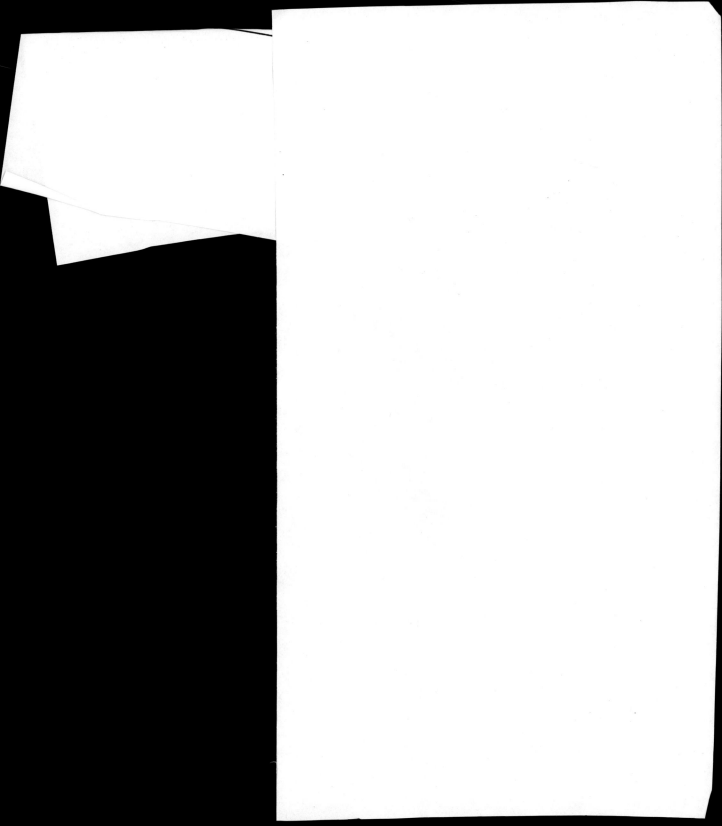

Mise en pages : Folio infographie

Achevé d'imprimer en mai 1996
sur les presses de AGMV
à Cap-Saint-Ignace, Québec